U0837522

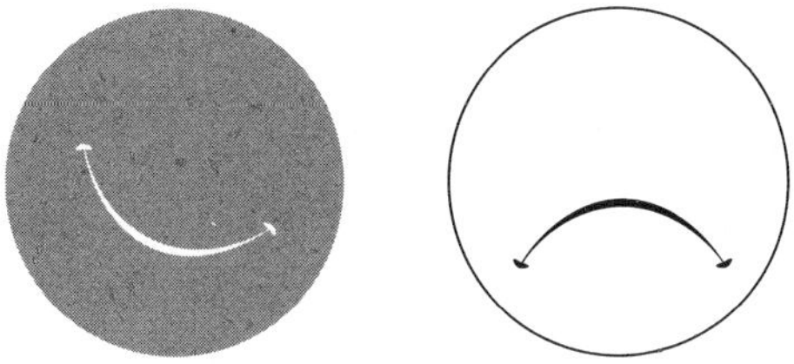

管理就是玩转情商

红白脸的管理艺术

章岩◎著

北京时代华文书局

图书在版编目（CIP）数据

管理就是玩转情商 ：红白脸的管理艺术 / 章岩著．-- 北京 ：北京时代华文书局，2018.4（2022.5 重印）

ISBN 978-7-5699-2240-0

Ⅰ．①管… Ⅱ．①章… Ⅲ．①管理学 Ⅳ．① C93

中国版本图书馆 CIP 数据核字（2018）第 001911 号

管理就是玩转情商：红白脸的管理艺术

GUANLI JIUSHI WANZHUAN QINGSHANG: HONG-BAILIAN DE GUANLI YISHU

著　　者 | 章　岩

出 版 人 | 陈　涛
责任编辑 | 周海燕　陈冬梅
装帧设计 | 程　慧　赵芝英
责任印制 | 訾　敬

出版发行 | 北京时代华文书局 http://www.bjsdsj.com.cn
北京市东城区安定门外大街 136 号皇城国际大厦 A 座 8 楼
邮编：100011　电话：010-64267955　64267677
印　　刷 | 天津旭非印刷有限公司　022-22520876
（如发现印装质量问题，请与印刷厂联系调换）
开　　本 | 710mm×1000mm　1/16　印　张 | 17.75　字　数 | 247 千字
版　　次 | 2018 年 7 月第 1 版　印　次 | 2022 年 5 月第 2 次印刷
书　　号 | ISBN 978-7-5699-2240-0
定　　价 | 49.80 元

版权所有，侵权必究

序　言

管理是什么？有人认为是科学，有人认为是艺术。科学也好，艺术也罢，我认为最关键的是掌控人性。一个顶尖的管理高手必将是人性统御大师。管理的主要对象是人，核心工作要围绕人来展开，就像动物园里的驯兽师要了解猛兽的习性一样，作为领导也要掌握人性。我们对人性了解的深浅决定了管理水平的高低。你能搞定多少人，决定了你做多大的领导。

很多学历不高的人由于很早就闯荡社会，阅历丰富、读人无数，因此情商极高，世事洞明、人情练达，后来创业做老板也往往能得心应手。而很多躲在象牙塔里攻读工商管理专业的大学生，虽然知识广、智商高，但情商是个短板，所以在残酷的商业江湖对决时未必是这些“老江湖”的对手。这就印证了一个道理——管理就是要搞定人，搞定人先要赢得人心，就是要玩转情商！

纵观古今中外，凡做出一番伟业的领导者大都是玩转情商的高手。古有汉高祖刘邦，以小混混身份开创大汉王朝；明太祖朱元璋，当年的放牛娃、乞讨僧一步步登上大明的王座。今有无数企业家，白手起家，打出一片自我天地。作为管理者，学历未必牛，但情商必定高。情商，正是我们在复杂社会生存发展的“核心竞争力”！如果你想开创自己的事业，如果你想让自己未来的发展空间更广阔，情商是你的必修课。如果你有学历，又有情商，不是如虎添翼吗？就算你学历不高，但只要掌握情商秘诀，又何愁英雄无用武之地？

然而，情商是个大课题，一旦研究起来就如入汪洋，几乎无从下手。所以，最好的办法是找到一个最为直接便捷的切入口。这个切入口在哪里呢？章岩老师以天才般犀利的洞察力一针见血、直抵本质，正所谓“打蛇打七寸”，做事抓关键。对管理实战来说，情商运用的“七寸”就是红白脸统御智慧。如果我们深入解剖中国统御思想和西方管理哲学以及大量企业家的实战案例，就会发现无论管理之术如何变化，所遵循的共同规律就是红白脸统御智慧。正如易经中的阴阳两面，文武之道中的一张一弛。用道、魂、法、术、器五个层面来衡量的话，章岩老师所论述的正是“道”的层面，同时也是中西两仪管理思想的精粹和奥义之所在。如果一个人能掌握红白脸的管理艺术，就如同深入海底从骊龙颔下摘取光彩夺目的宝珠，如同孙悟空从龙宫拿起如意金箍棒，必能助你在管理工作中得心应手、运用自如。

红白脸统御智慧绝非空穴来风。兵书《尉缭子》曰：“爱在下顺，威在上立。爱故不二，威故不犯。故善将者，爱与威而已。”就是说，将领如果不能用爱使士卒悦服，士卒就不会听从他而被他所用；如果他不能树立威信、拥有威严使士卒敬畏，士卒就不会听他指挥。爱能使士卒不怀二心，威能使下级不敢违令。所以善于带兵的人，都善于使用爱与威这两个武器。领兵如此，治国亦然。中国从汉代到清代，大多数朝代治国理政都采取“外儒内法”的思想。一方面推行儒家仁爱之风，一方面又以霹雳手段采取严刑峻法。从某种意义上说，儒是唱红脸，法是唱白脸。红白脸互相配合，国家才能长治久安。秦始皇统一天下，帝国过于依赖法家，一味唱白脸，造成二世而亡。刘邦创建大汉王朝之后，吸取秦亡国的教训，先用黄老术休养生息，而后又融进了儒家思想，大汉基业因此稳固。后来的李世民、康熙、乾隆莫不如此。就拿明清两代来说，一方面推崇程朱理学，极力倡导道德伦理的教化力量，可谓是将红脸唱到登峰造极；一方面又广设特务机构、大兴文字狱，白脸的杀伐震慑令人心惊胆寒。上至帝王治国，中至商人治企，下到小民治家，红白脸都是屡试不爽的“杀手锏”。在家庭教育中，中国父母也往往是一个唱白脸、一个唱红脸，正所谓“严父慈母”是也。这是中国最经典的父母形象。不过可惜的是，现代社会很多时候做颠倒了，虽然也唱红白脸，但变成“严母慈父”了。西方世界又如何呢？不知从什么时候开始，西方国家开始向中国学习，也学着运用红白脸的统御智慧来治国理政。比如，美国在推行世界霸权时，奉行大棒加美元的手段。大棒是什么？不就是唱白脸吗？扮相冷酷，给人痛苦。美元是什么？不就是唱红脸吗？扮相温情，给人好处。几十年来，这一手段一直行之有效。

距今2400多年的鬼谷子对红白脸统御智慧也有自己的见解，他在《鬼谷子·捭阖篇》中说：“言善以始其事，言恶以终其谋”，这句话告诉我们，善和恶的双面运用，可让对方乖乖就范。这一招为什么一旦祭出，立刻奏效而且屡试不爽？因为它符合人性。何为人性？人们一切的活动只为一个目的：追求快乐，逃避痛苦。做决策有一个基本原则就是趋利避害。这就是人性，千古不变。所以，鬼谷子的弟子苏秦、张仪凭此可以说人说家说国说天下而功成名就。由此可见，红白脸管理智慧已经有几千年的历史了，无论是中国人还是外国人都在日用而不知。然而，古往今来却少有专家和学者关注这一课题。今天，章岩老师这本书的出现，首次将此课题深入提炼并系统化地整理出来形成理论，这真是一个很有价值的创举！就“红白脸管理”这个课题而言，章岩老师是探路者也是集大成者！

章岩老师悟性超群、才华横溢，既有敏锐犀利的洞察力和创意力，又有啃硬骨头的韧劲和行动力，不然本书的诞生是根本不可能实现的，在此，我向章岩老师慧眼独具和充满智慧的创作致以崇高的敬意！

兰彦岭

先秦史学会鬼谷子研究分会副会长

中国鬼谷子研究学院院长

中华百家和鸣国学论坛主席

北大、清华国学商道班特聘教授

亚洲顶尖演说、谈判智慧教练

东西两仪企业文化的倡导者

目录 | CONTENTS

第三章 唱好红脸的策略
——和稀泥也是一门技术活

第四章 一白一红，阴阳之道
——红白脸配合不露痕迹才是真功夫

第五章

站在什么台上唱什么戏

——唱红白脸的注意事项

第六章

红白脸推拿术

——巧妙运用红白脸，让你赢得神不知鬼不觉

第七章

像变色龙那样幻化自如

——将红脸、白脸集于一脸

第八章

红白脸反向应用

——当别人对你唱红白脸，你该如何办

第一章

红脸白脸

情商管理之独门“杀手锏”

*

生活是一个大舞台，想要把生活这场戏唱好，红脸和白脸缺一不可。正所谓，红脸需要白脸配，白脸需要红脸圆。尤其在关系复杂的官场、商场、职场中，管理者既需要深得人心的红脸，也需要不留情面的白脸。

红脸需要白脸配，白脸需要红脸圆

红脸、白脸的说法来自中国传统的戏曲文化。在中国的传统戏曲艺术中，分辨好人坏人有一套很显而易见的方法，就是看出场人物的脸谱颜色：画红色脸谱的一般都是好人，是忠臣、英雄，关云长就是典型的红脸。反之，白色脸谱则代表坏人，比如秦桧等。

同样，生活也是一个大舞台，想要把生活这场戏唱好，红脸和白脸更是缺一不可。正所谓，红脸需要白脸配，白脸需要红脸圆。尤其是在关系复杂的官场、商场、职场中，管理方法就会显得十分重要。所以，在对下属的管理中，既需要深得人心的红脸，也需要不留情面的白脸。

在中国古代，高明的统治者深谙此道，为了使更多的人归顺自己，经常运用红白脸结合的策略来驾驭下属。一些高明的统治者比演员还善于变脸，这一分钟是一个温文尔雅的贤者，一分钟之后却变成了一个杀气腾腾的武者。甚至有一些更为高明的统治者，最擅长两个人连档唱双簧，一个扮演红脸，另一个扮演白脸，他们分别在不同的场合登场，从而达到不同的目的。

东魏时期的丞相高欢，在去世之前把儿子高澄叫到身边，和儿子认真谈论了将来的人事安排问题。当说到名将慕容绍宗时，高欢说：“我故不贵之，留以遗汝。”也就是说，高欢在世时，故意不提拔重用慕容绍宗，其目的就是为了把重用慕容绍宗的机会留给儿子，从而让儿子唱红脸、做好人，而自己宁愿唱白脸、做恶人。等高欢去世后，高澄继位，立马给慕容绍宗封了高官，从而展示了自己的红脸形象，使慕蓉绍宗对自己感激不尽。

如今，在企业的管理中，我们也经常会见到两个风格迥异的管理者，一个是慈爱温和，另一个则是威严凛凛。其实，这就是典型的红白脸配合管理法。这里所谓的“红脸”，即表扬，要善于从正面激励下属的积极性；而所谓的“白脸”，即批评，要懂得反面禁止下属消极的思想、行为，并改正他们的错误。在这种相结合的管理策略中，如果配合得当，不但有助于增强团队的纪律性和工作的积极性，而且有利于上下级之间关系的和谐；如果红白脸配合不到位，则容易使问题恶化、管理涣散，从而激发整个团队的矛盾。

所以，红脸需要白脸配，白脸需要红脸圆。比如，在管理的过程中，红脸管理者要善于发现员工的优点，对员工的成绩予以充分肯定和赞扬，鼓励员工制定新的目标，培养员工积极向上的工作态度。也就是说，唱红脸的目的，是为了营造一个乐观积极向上的氛围，并最大限度地挖掘员工的潜力。而担任白脸角色的管理者，他的主要工作是约束整个团队的纪律性，告诉他们哪些事情能做，哪些事情不能做。当有人犯了原则性错误，该批评的要严肃批评，该惩罚的要做到不留情面、毫不手软。

俗话说：“没有规矩不成方圆。”任何一个团体，都要有自己铁一般的纪律，并做到严格执行、人人遵守。此时，为了使纪律执行得更彻底，就需要有一个威严的领导者去执行任务，这个管理者所担任的就是白脸角色。

不过，人毕竟是一种情感动物。从人性角度上分析，所有人都希望能够得到他人的赞扬、认可和鼓励。当一个人处在被鼓励、被赞美的氛围中时，其潜能的发挥和效率的提升是在批评责备氛围中的好几倍。可以说，这是红脸角色的重要意义。

由此可见，无论在商业社会还是日常生活中，红脸和白脸的配合都是十分重要的。在管理过程中，红脸和白脸缺一不可。一旦缺失，就会造成不平衡的状态，对管理是极其不利的。红脸需要白脸配，白脸需要红脸圆，简单的几个字包含着博大精深的学问，正确掌握好方法，拿捏好红白脸的分寸，相信你定能在管理领域无往而不胜。

文武之道，一张一弛——软硬两手抓

文武之道与中国文化一脉相承，暗合易经之道。孔子在《论语》中说：“文武之道，一张一弛。”这里的“文”指的是周文王，“武”指的是周武王。这段话是说，文王在治理国家时，比较宽厚仁慈，相对来说宽松弛缓；武王四处讨伐，比较勇猛善战，相对来说紧张激烈。两者结合，恰好宽严相济、恩威并举，这就是周文王、周武王的治国之道。

中国古代的官员编制以文官和武官为主，体现出文武之道的巧妙运用。在现代管理学中，我们也经常听到一个词——软硬兼施，也就是说，在管理下属的过程中，要做到软、硬两种手段共同施展。所谓的“硬”，即以武力威胁；所谓的“软”，即用怀柔手段来感动对方。清朝皇帝康熙对这种管理艺术运用得得心应手、炉火纯青。

当年，康熙大帝正在筹措平台大计，认为姚启圣是一个不可多得的人才，于是准备重用他。然而，姚启圣自视清高、恃才傲物，因为屡次和康熙顶撞，最终被康熙贬为九品“司厩”，并宣称“永不录用”。

为了打压能言善辩、自恃清高的姚启圣，康熙找理由将他关入牢中，并好吃好喝地供着他，但三个月内不允许任何人与他说话，希望通过这种方式来改掉他与人争辩的毛病。三个月之后，康熙命人把姚启圣带回北京。在回京的路途中，姚启圣坐在四处漏风的囚车上，受尽了路途的寒冷疾苦。

经过这一番变故，姚启圣身上的傲气已经被打压得差不多了。这时，康熙才允许姚启圣进入龙辇，赏他点心，让他阅读御书，并在养心殿“经筵日讲”。后来，姚启圣备受康熙皇帝重用，并被任命为福建总督，在收复台湾的过程中立下了汗马功劳。

通过这个故事，我们不难发现，在对下属的管理中，领导者只运用“硬”手段或者只运用“软”手段，都不能起到良好的效果，而真正高明的领导懂得软硬兼施、恩威并举。也就是说，当下属犯错后，领导者要用“硬”的方法发威，使下属主动反省自己；等下属醒悟、产生悔改之意后，领导便可以通过“软”的方法来收服人心。

在现代社会，这样的方法同样适用。用现在的话来说，就是要做到软硬两手抓，该唱红脸时唱红脸，该唱白脸时唱白脸。从个人幸福角度来说，也是如此。一方面抓物质基础，一方面抓精神生活，物质和精神双丰收，才是和谐的人生之道。

对管理者来说，公司就像一个国家。我们常说，打江山容易守江山难，创业就是打江山，而管理就是守江山。作为管理者，如何才能把一个企业管理好呢？其实，从本质上说，管理就是在玩一场心理战，要想打赢这场心理战，就一定要懂软硬兼施、恩威并举。全球著名的微软公司，在员工管理上借鉴的就是这种管理模式。

微软公司的管理非常人性化。在公司内部，无论是新员工还是资深员工，甚至是管理者，每个人之间都是平等的，他们的办公室基本上也都是一样大的。此外，比尔·盖茨鼓励员工积极发表对公司的意见，提出公司在发展过程中出现的问题和缺点，任何人都可以提出批评建议。

他说，我要让我的员工觉得公司是自己的，让大家都关心公司。只有这样，微软公司才能够逐渐壮大。

比尔·盖茨曾经宣布不再涉足互联网领域产品，当他提出这一想法的时候，很多员工提出了反对意见，甚至有人直接去跟他说这是一个错误的决定。比尔·盖茨十分重视这些人的意见，花了很长时间跟这些员工交流，最后他改变了自己的决定，重新调整了公司的发展方向，又写了《互联网浪潮》一文，公开承认自己的错误。那些批评比尔·盖茨的人不但没有受到处分，反而得到了重用。

微软公司尊重每一个员工，对员工提出的意见都认真考虑。这样的“弛”会加深员工的责任感，觉得为企业贡献自己是值得的，也是应该的。

微软公司虽然比较注重员工个性的自由化，但也有自己的规章制度，并且真正地做到“张弛有度”。比如微软公司要求每一个部门、每一个员工都要有明确的目标，并且要求这些目标必须是特定范围明确的、可以度量的，必须是可以实现的，而不是遥遥无期的。

在对下属的管理中，比尔·盖茨不仅要扮演红脸，而且要扮演白脸。当下属不涉及原则性问题，他一定是红脸的角色；而一旦有人触及公司的底线，他又能够让自己毫不手软。也就是说，微软公司“张”的是纪律，“弛”的是个性。

通过比尔·盖茨管理微软的例子，我们明白优秀领导者要善于运用文武之道，对下属既要“爱”得有原则，又要“严”得有尺度。也就是说，管理者只有真正地做到文武结合、软硬相间，才能真正地“管好人、留住人”。

在西方世界，这种软硬兼施的方法被称为“胡萝卜加大棒”管理法。也就是说，一方面奖励胡萝卜吃，另一方面又用大棒给予惩戒。对于这种管理方法，拿破仑的言论一针见血，他说：“我有时是狮子，有时又像绵羊。而我的全部成功就在于，我知道自己什么时候应该当狮子，什么时候应该当绵羊！”稍微一想即知，绵羊不就是唱红脸吗？狮子不就是唱白脸吗？所以说，管理者要想管好一个企业，就一定要掌握红白脸管理艺术，力求做到张弛有度、宽严相济。

如果你是领导者，在对下属的管理过程中，就要学会唱好“红白脸”。可以说，这是每一个管理者都应该懂得的学问。如果一个管理者只会唱红脸，而不会唱白脸，下属则会认为你没有魄力，缺少领导权威；反之，如果管理者只会唱白脸，而不会唱红脸，下属则会认为你过于冷血狠毒，缺少人情味。所以，一个人只有做到该唱红脸时唱红脸、该唱白脸时唱白脸，并且灵活切换，才真正称得上是一个称职的管理者。

左手拿鞭，右手拿糖——会打也要会哄

俗话说：“打一巴掌给个枣吃。”在这里，打一巴掌是教训，而给枣则表示疼爱。在现实生活中，这种方法很常见。很多父母在教育孩子时，总是左手拿鞭，右手拿糖，打完之后，再哄一下。受阴阳文化的熏陶，这种教育方式甚至成为中国人的一种本能。

为什么这种恩威并施的管理方法很好用？下面给大家举一个生活中的简单例子。我们都知道，绝大多数的孩子都不太喜欢爸爸，而是更喜欢妈妈。为什么这样呢？道理很简单，因为在孩子的印象中，爸爸通常是严肃的，孩子做了什么错事，教育起来绝不手软，所以孩子都害怕爸爸，对爸爸有一种畏惧感。虽然妈妈在教育孩子的时候也会板起脸来，但教育完之后，妈妈通常还会给孩子买好吃的或者好玩儿的来安抚孩子。所以，相对来说孩子一般比较喜欢妈妈。

如果把“左手拿鞭，右手拿糖”这种方法用在现代管理学上，就是要求管理者要做到恩威并施。这里的“恩”指的是恩惠，就是说管理者要给予下属足够的关心，只有这样才能在上层和下层之间建立良好的关系。而“威”则是指威严，作为领导要对下属要求严格，该批评的时候

要严厉批评，绝对不留丝毫的情面。也就是说，鞭子的抽打一定要让对方感到难忘的痛，而糖则一定要让其品尝到甜蜜的味道。

在众多历史人物中，曹操是一个善于运用恩威并施方法收买人心的领导。曹操的身边有一个叫杨修的人，这个人文思敏捷，也很有头脑。但美中不足的是，杨修这个人奸诈狡猾，爱耍小聪明，而且多次触犯曹操的禁忌。

建安二十四年，曹操一直在斜谷界屯兵，准备去西川讨伐刘备。但是，马超坚守着关口过不去；想要退回到许都吧，又怕被蜀兵笑话。因此曹操进不得、退不得，陷入一种左右为难、犹豫不决的处境。

有一天，曹操正在喝鸡汤，部下进来询问晚上的口令。曹操看着碗中的鸡肋，随口就说了句："鸡肋！"传令官将"鸡肋"传了出去，大家皆不解其意。谁知这话被杨修听见，他就回去收拾行囊准备回家了。夏侯惇问他为什么，他说："今晚的口令是'鸡肋'，鸡肋就是食之无味，弃之可惜。魏王的意思就是打算收兵了。"

夏侯惇听了杨修的话，信以为真，于是就命令将士们收拾东西准备回去。一时间，军营里乱成一团。曹操知道以后很是震惊，忙让人查明原因。当知道问题出在杨修身上之后，曹操大怒，下令马上处死杨修，因为他造谣惑众、扰乱军心，其罪当诛。之后，曹操又佯装要杀夏侯惇。当众将士为他求情时，曹操趁机放了夏侯惇。

在这件事情上，曹操处死杨修是"威"，赦免夏侯惇则是"恩"。恩威并施有时不仅作用于一个人，曹操这样的做法等于对全体官兵都恩威并施。他杀了杨修，为自己树立了威信，让官兵们知道谁触犯禁忌，谁就会被处死。然而，曹操赦免夏侯惇是在告诉官兵们："我也是有人情味儿的，该网开一面的时候我会放你们　马。"红白脸管理策略的运用游刃有余、分寸拿捏得恰到好处，让大家不至于放纵轻慢他，也不至于因畏惧而疏远他。

在现实中，不管是寻常百姓，还是中高层管理者，恩威并举都是聚拢人心的一个好办法，正所谓“会打”更要“会哄”。所谓“会打”，就是说要打得精准。我们常说，打蛇打七寸，只有打到关键点上，才能解决问题。这就要求管理者对于出现的问题要发现得及时而且精准，在解决问题的时候更要一针见血，找到那个该“打”的人，进行严厉、果断的处理，决不能心慈手软或拖泥带水。

所谓“会哄”，顾名思义就是要知道怎么“哄”才能使下属心中舒畅、神清气爽，心甘情愿地跟随你，不遗余力地为你做事。要做到这一点，就需要领导对员工晓之以理、动之以情，真正关心他们生活的方方面面，充分理解他们的难处，在他们需要帮助的时候，及时地伸出援手。当然，“哄”的时机也至关重要，如果能在关键时刻来哄，则会让下属对你肝脑涂地、感恩戴德。

不管你承认与否，以“左手拿鞭，右手拿糖”为外在呈现形式的红白脸管理艺术千百年来经久不衰，是每一个有抱负的领导者都要学习掌握的中国式管理智慧。

一个唱红脸，一个唱白脸，让对方有台阶下

关于台阶，我们先来听一个经典的故事：

有一天，禅师在寺院里散步，当走到墙角时，他发现此处莫名其妙地多了一块石头。端详了一会儿之后，禅师就明白了，原来有和尚踩着这块石头偷偷溜出了寺院。

擅自离开寺院，这对和尚们来说可是犯了大忌。所以，众和尚有的说要把爬墙的和尚关起来，有的说应该对其杖击一百。在监寺要下惩罚措施的时候，禅师说："算了，我自有办法惩罚他，而且比任何惩罚都有效。"

禅师遣走了所有人，自己坐在那块石头上，等待爬墙外出的徒弟回来。直到半夜，那位徒弟终于回来了。当他从墙外爬进来的时候，正好踩在禅师的肩膀上。他一害怕，踩滑了脚，就在他将要摔下来的时候，禅师一把抱住了他。此时，这个和尚早已吓得瑟瑟发抖，禅师却温和地说："赶紧回去睡觉吧，不早了。"

第二天，大家得知禅师并没有处罚那个爬墙外出的和尚，都埋怨这

位禅师，说如果不严罚这个和尚，他以后肯定还会再犯的。禅师则一笑置之，不以为然。

出乎大家意料的是，从此之后，那个爬墙的和尚性情大变。以前的他贪玩儿，总不好好修行，现在却成了寺里最用功的和尚。

大家都很惊奇，向禅师询问原因，禅师说："我不是没有惩罚他，你们的悠悠之口就是对他的最大惩罚，而我所做的，只是给了他一个台阶而已。"

后来，这个小和尚竟成了寺里的住持。

其实，这个小和尚成为不成为后来的住持并不重要，重要的是当众人都在批判、指责他时，禅师却不失时机地给了他一个可以下的台阶。我们一直在讲红脸和白脸的艺术，可以说，故事中的禅师扮演的正是红脸，而其他人扮演的则是白脸。虽然这些人并没有对小和尚进行实质性的惩罚，但众人对他的声讨与不满，却起到了白脸的作用。

如果一个人总是一味地唱白脸，不懂给人台阶下，就会让对方觉得你咄咄逼人、不留情面，从而在内心里远离你，甚至痛恨你。在这个时候，就需要红脸及时出场。

在外人看来，红脸和白脸的角色是截然相反的，但他们之间的作用却是相互的。有时候，红脸需要为白脸做铺垫；有时候，红脸又能帮白脸处理善后工作。当红脸为白脸处理善后工作时，实际上就是在给对方台阶下。在这里，我们不妨看一看下面的例子：

一家咖啡厅里坐着三个人，他们是无话不谈的朋友。但三人的性格却大不相同，一个是性格单纯的梅子，一个是性格豪爽的刘倩，另一个是性格温和的小雨。

单纯的梅子在工作中受了欺负，无奈之下辞职。这已经是她第三次因为同样的事情辞职了。辞职后的梅子很苦恼，对两个好友诉说心里的烦闷。

坐在梅子对面的是心直口快的刘倩。每当梅子受欺负时，刘倩总是主动为朋友打抱不平，但当她发现朋友的错误时，也总是直言不讳地批评。此时刘倩正在指责梅子说：“为什么别人总能够与同事们相安无事，你却总是受他人排挤？也许是因为你这个人太天真，想问题过于简单。要知道，天真过了头，那就是愚蠢呀……”

刘倩犀利的话或许是有道理的，但是梅子听了以后面红耳赤，感觉无地自容。再加上梅子本来心情就不好，刘倩的指责简直是雪上加霜。这时，性格温和的小雨出来打圆场：“这也不能全怪梅子，公司的做法也确实过分了。我想，梅子那么聪明，她一定知道问题出在哪里。我们就不要多说了，她下次肯定能做得很好！”

一直低头不说话的梅子马上回应说：“是啊，看来我是真的做错了，不过我也知道自己错在了哪里，以后我会慢慢改变自己的。”

在上面的案例中，正是小雨的一句话，才迅速扭转了梅子和刘倩之间的尴尬气氛，从而让梅子抓住下台阶的机会。也就是说，在谈话过程中，如果唱白脸的人让对方难堪，唱红脸的人要懂得及时说一些缓和气氛的话。

老话说得好：“得饶人处且饶人。”在与人交往的过程中，切忌过于较真，适时给对方一个台阶下，不但会增加对方对你的好感，也会增加对方对你的信任。从另一个角度来说，给别人台阶下，其实就是给自己台阶下。如果有一天你遇到麻烦，对方自然也会手下留情，给你一条生路。

不过，我们也要清楚地认识到：给别人台阶下并不是简简单单几句话就能解决问题的，而是要做到巧妙自然、不动声色，使对方在内心深处能够接受。所以说，一个人要想学会给对方台阶下，就要从以下几点来修炼自己：

第一，赞美是给对方台阶下的“助推器”。在与人交往时，如果出现了气氛尴尬的局面，不妨多说几句赞美的话，这是给对方最好的台阶。俗话说："良言一句三冬暖，恶语伤人六月寒。"由此可见赞美的魅力所在。

第二，把握说话的度，顾及对方的尊严。尊严是一个人最不能被触犯的地方，就像龙的鳞甲和狮子脖子上的毛发，是不能随便让人亵玩的。所以，我们在与别人说话的时候一定要掌握分寸，什么话该说，什么话不该说，一定都要做到心中有数，千万不要做当众揭对方短处的傻事儿，更不要拿别人的短处开玩笑。

第三，幽默是给对方台阶下的一种"调节剂"。幽默的语言能够缓解尴尬的气氛，不动声色给对方一个台阶下。一笑解千愁，只要大家笑起来，很多事情都好说了。不露声色给别人台阶下，不仅能充分为对方解围，而且会让自己给众人留下好印象，从而在人际交往中获得好人缘。

感情交流式策略——先唱红脸营造融洽氛围

我认识一个做礼品生意的温州老板潘先生，可以说他在员工管理上很有一套。每当员工犯错时，他绝不会劈头盖脸地责骂，而是采用感情交流式的管理策略。

每当批评犯错的下属时，潘先生会先用春风般的语言赞美对方，或者很随和地和下属唠唠家常，等彻底打开下属的心扉之后，才开始切入正题，指出他们工作中的失误与不足。这样一来，下属不但对潘先生的批评不排斥，反而觉得他是一位非常重感情的领导，从而更容易接受他的建议。

有一次，潘先生给客户发一批货物，当所有的货物都送往托运部后，负责发货的李林才发现把客户甲的货物误当作客户乙的货物了。这个时候，李林只好把所有货物都运回公司，然后重新包装、填单、发货。就这样，因为李林个人的失误，整个部门的人都加了三个小时的班，潘先生也跟着大家一起加班。

工作结束后，办公室里只剩下李林和潘先生两个人。潘先生笑着对李林说："小李呀，忙活大半天了，现在终于把货物都发出去了，坐下来歇会儿。"在聊天过程中，潘先生一直都在夸赞李林踏实能干、做事认真。等聊得差不多时，他话锋一转，说："不过今天的工作，你确实做得不太到位。如果不是及时发现了问题，我们损失的不仅仅是货运费，更是咱们公司的信誉。以后工作要多加用心，千万不要再马虎行事了！"

从这个案例可见，潘先生对下属的管理工作做得相当出色。当下属犯错时，他并不是一味地批评、指责，而是先以表扬做铺垫，再用对方容易接受的方式来批评。所以，潘先生在批评李林时，不但没有激起李林的任何敌对情绪，反而让其心服口服地接受了批评。

在现实生活中，有些管理者总是与下属势不两立，一旦发现下属犯错，就不分青红皂白地破口大骂。然而，这种只顾指责下属的做法，不但不能有效地解决问题，反而把自己搞得筋疲力尽、焦头烂额。另有一些高明的管理者，我们很少见他发脾气，就算下属犯了天大的错，他也能心平气和地与下属分析犯错的原因，然后以合理有效的办法解决问题。在整个过程中，我们根本听不到他大发雷霆，听到更多的是他对犯错下属的安慰与鼓励，并因此深受下属的尊重与爱戴。

在两类不同风格的管理者中，后一种管理者之所以更受下属们的尊重，是因为他们善于运用委婉、含蓄的方法批评对方，从而让对方虚心地承认自己的错误。我们不难发现，红脸管理策略往往比白脸管理策略更容易打开下属的心门。与铁面无私、不近人情的白脸相比，红脸给人的感觉更柔和更亲民，可以有效避免上下级之间的沟通障碍。

所以，无论是在管理工作中，还是在日常的人际交往中，要想让对方更容易接受你，你可以尝试让红脸先登场，从而达到增加彼此感情交流的效果。这样一来，不但能够避免因为紧张而出现的冷场，而且可以避免双方因为针锋相对而产生矛盾。

在日常生活中，谈判应该是每个人都不陌生的事情。然而，人们对谈判最深的印象大都是两派人坐在一起，彼此之间针锋相对、势不两立，甚至为了各方的利益，不惜恶言相伤、相互诋毁。如果你认为谈判一定是你死我活的争执，那你就大错特错了。真正精通谈判的高手都明白，一场谈判的输赢，往往取决于谈判的氛围。要想促进一场谈判的成功，可以先让红脸角色出场，从而营造轻松、愉快、融洽的氛围，切忌一上场就剑拔弩张。

日本某知名汽车品牌为进入美国市场，找了美国一家公司洽谈合作事宜。然而，在谈判的第一天，由于日本人对美国的交通情况不熟悉，因堵车而迟到近一个小时。

为此，美方谈判员以日方迟到为把柄，说日方对本次合作缺少诚意，从而使谈判一开始就笼罩着一种紧张、压抑的氛围。其实，美方之所以这么做，并不是真的不想与日方合作，其真实目的是先发制人，把日方的汽车价格向死里压，从而让自己获得更大的利润空间。

对于美方的谈判计策，日方一眼就看出其中的端倪。但日方谈判人员并没有与美方针锋相对，而是心平气和地发言："我们谈判团每一个人都是第一次来美国，对贵国的交通情况不太了解。可以说，正是因为这些不了解，导致我们今天迟到，并耽误了大家的宝贵时间。对此，我方表示真诚的歉意。另外，关于合作事宜，我相信以我方目前开出的合作条件，找到第二家、第三家愿意合作的公司不成问题。不过，在众多可能合作的对象中，我们还是最愿意与贵公司合作，毕竟贵公司在美国汽车领域的实力独一无二，是我们最佳的合作伙伴！"

面对美方的强势攻击，聪明的日本人并没有与对方展开激烈的唇枪舌剑，而是以一种容易被接受的红脸角色出场。这样一来，日方谈判者不仅巧妙缓和了紧张、压抑的气氛，更是以一种"以柔克刚"的方式使自己获取了谈判的主动权。在日方的感染与带动下，态度强硬的美方代表也"软"了下来，并逐渐进入真心实意的合作谈判环节。接下来的几个小时，双方的谈判非常顺利、愉悦，最终以双赢的方式建立了合作关系。

自古以来，中国人都崇尚“以和为贵”，并把“和”作为人际交往的最高境界。关于这一点，孔子曾说，“君子和而不同，小人同而不和”，这句话的意思是说：君子可以与周围的人保持和谐融洽的关系，但他对待任何事情都会经过自己大脑的独立思考，绝不会人云亦云、盲目附和他人；而小人却难以与他人保持真正融洽、和谐的关系，他们常常为了达到某种不可告人的目的，总是毫无原则地附和他人，没有自己做人的原则和底线。

总之，无论是谈判、管理，还是普通的人际交往，和善的态度往往会给人一种安全感，让对方更容易接受你，从而促进双方的交流，并最终建立融洽、和谐的人际关系！

谁唱红脸、谁唱白脸，主要由性格决定

美国哲学家威廉·詹姆士说："播下一个行动，你将收获一种习惯；播下一种习惯，你将收获一种性格；播下一种性格，你将收获一种命运。"西班牙文学家塞万提斯也说："每个人的命运都是由自己的性格决定的。"这两个人的话如出一辙，都是说什么样的性格适合做什么样的事情。

对于红脸、白脸来说也是如此，有的人天生适合唱白脸，而有的人则适合唱红脸。如果双方选错了角色，不但不能使事情向好的方向发展，反而会使事情变得更糟糕。

那么，究竟什么性格的人适合唱红脸，什么性格的人适合唱白脸呢？这就需要我们了解红脸和白脸的不同特征。

首先说白脸的特征。白脸来源于传统戏曲，一般是反派角色，形容阴险、狡诈的人，如曹操，后来被世人延伸为严厉的一方。在职场或官场中，白脸就是严肃、爱批评人的领导，平日里不苟言笑，即我们眼中所谓的"坏人"。

红脸同样来源于传统戏曲，与白脸相对，是传统戏曲里的正面人

物，关羽就是典型的红脸。这一类人的典型特征是忠勇、耿直，后来延伸为比较和蔼的代名词。一般来说，这类人性情温和，说话语调缓慢，在职场、官场、社交中都比较受欢迎，是人见人爱的“老好人”。在这里，我们用一个例子来说明红脸和白脸在性格上的差异。

我的朋友老汪和他的儿子小汪，父子俩在工作中分别扮演红脸和白脸角色，而且配合得天衣无缝。老汪自年轻时就开始创业，经过二十几年的积累，公司已经壮大起来。老汪的性格沉稳、内敛，所以在员工管理中很少发脾气，即便遇到犯错的员工，也总是心平气和地教育他们。

随着年龄的不断增长，老汪感到自己一个人打理公司事务有些力不从心，于是开始让儿子小汪协助管理公司。小汪跟父亲的做事风格大不相同，他性格耿直，说话不留情面，喜欢什么事儿都摆在台面上。在员工印象中，小汪总以白脸示人，对员工要求严格，一旦犯错，便毫不留情地批评他们。如果是犯了比较大的错误，小汪还会狠狠地加以惩罚。

父子俩完全相反的性格，使得他们在同一个场合里扮演着不同的角色。老汪这种沉稳内敛、性情温和的人，自然适合唱红脸，作用也最明显；而小汪做事天生风风火火、说话直接，扮演白脸角色最拿手。

从职场管理角度分析，善于唱白脸的人属于权威型管理者，而善于唱红脸的人则属于调和型管理者。在管理过程中，他们发挥着各自不同的作用。

第一，权威型管理者。一般来说，这类人性格外向、直爽，说话快言快语，无论是对自己的决策能力，还是对自己的管理能力，都有着极大的自信，所以在做事时，他们总以自己的主观感觉为主，并强制下属按照自己的要求执行，很少听从周围人的意见或建议。对于这类管理者来说，他不但要求下属具有超强的执行力，更要具有极大的忍耐力。

这类管理者由于自己考虑的事情太多，并需要独自完成大部分的工作，所以他们大都感觉自己很累、很辛苦。另外，在这类管理者下面做事的下属们，由于他们的意见或者建议总是得不到领导的认可，甚至总是被领导指责，所以内心那种被尊重、被重用的需求没有得到满足。久而久之，他们对领导产生敌对情绪，从而影响整个团队的凝聚力和战斗力。

第二，调和型管理者。与权威型管理者相反，这类管理者没有那么强势，也没那么主观，他的大部分管理决策都是经大家一起讨论决定的，他本人只是起到协调、汇总的作用。一般来说，调和型管理者总是一副“和事佬”的模样，就算发现下属犯了错误，他也不会大发雷霆，总是以平和的心态来解决问题，尽可能地把大事化小、小事化了。所以，这类管理者大都被爱戴，整个团队的气氛也比较轻松、和谐。

不过，调和型管理者也存在不足之处。有时候下属们会觉得，这样的领导不够果断，跟着他做事学不到太多东西。另外，由于调和型管理者大都缺少对长远目标的规划能力，所以下属总是看不到希望，因此内心缺少一种职业的安全感。

总之，在红脸、白脸的角色扮演中，一个人只有选择了最适合自己的角色，才会在成功的道路上大步前进；反之，如果一个人选错了角色，则会离成功越来越远。

红白脸唱调要一致

红脸、白脸不仅存在于中国戏曲里，在现实生活中同样是不可或缺的角色。比如，在一个家庭、一个单位，要想把一件事情做好，就需要红脸、白脸一同出场。只是这一红一白、一正一反的角色，一定要做到目的一致、方向一致，千万不可唱反调。

在官场、商场、职场、家庭教育中，这种情况都非常常见。在此我们仅以家庭教育为例，来告诉读者红白脸应该如何保持唱调一致。

在孩子教育方面，父母通常会采用“一严一慈”的教育方法，也就是说，父母两个人一个唱严肃的白脸、一个唱和善的红脸。但是在红白脸教育的过程中，有一个问题一定要注意，就是在对待孩子的是非问题上，红脸和白脸的唱调一定要一致。在面对同一个问题时，若是家长的立场不一致，久而久之就会导致孩子难以管教；反过来，孩子则会越来越好管。

萌萌今年5岁，时常会搞一些令大人头痛的恶作剧。但是她在搞恶作剧时却也懂得察言观色、看人下菜碟。一般来说，只有妈妈在场的时候，萌萌比较胆大，而当爸爸在场时，她就胆怯了很多。这是因为，在对萌萌教育时，妈妈性格温和，大多扮演红脸角色，而爸爸的脾气暴躁，总是用父亲的威严来震慑她。

每当萌萌犯错的时候，第一个出场的总是爸爸，他先是对女儿训斥一番。等“暴雨雷鸣”以后，萌萌的妈妈会“及时”地来救她，给她安慰，陪她玩耍，直到她不哭为止。久而久之，萌萌从心底认为妈妈是自己的避风港，每当在爸爸那里受了委屈，就会找妈妈诉苦。

后来，萌萌的爸爸、妈妈觉得这样会让孩子失去对是非对错的判断，于是决定改变教育孩子的策略。正好几天后发生了一件事，让他们学会了正确运用红白脸教育法。

那天萌萌和小表哥争玩具，被爸爸看到。当爸爸责备萌萌时，她骗爸爸说是表哥抢了自己的玩具。爸爸知道萌萌在撒谎，就狠狠地批评了她，说小孩子不可以骗人，错了就是错了，要敢于承认自己的错误。当时，由于爸爸过于严肃，萌萌被吓哭了。

这时，妈妈出场把萌萌“救”了过来。萌萌像往常一样撒娇，觉得只要妈妈在，自己就安全了。随后，妈妈把萌萌带到公园陪着她玩，一直玩到萌萌累了吵着要回家，妈妈才开口教育萌萌。妈妈的语气缓和，不像爸爸那样严厉，但所说的话却和爸爸如出一辙。

在爸爸的严厉和妈妈的循循善诱下，萌萌终于认识到自己的错误，然后回家给小表哥道了歉。

在这个案例中，萌萌的爸爸、妈妈都是为了萌萌好，才分开唱红白脸两个角色。只是刚开始的时候，两个人不是朝着同一个方向用力，一个一味地批评，另一个一味地哄，红白双方在观点上的分散导致孩子不能明白他们的教育意图，只能以一种在夹缝中生存的心态寻找平衡点。这种做法当然不能让萌萌认识到自己的错误，甚至会令她丧失思考能力，也会对她的人生观、世界观起到负面的误导作用。

后来，萌萌的父母总结了以往的经验教训，在萌萌犯错时，两人齐心协力，朝着“说谎是不对的”这个共同方向，让萌萌认识到自己的错误所在，并最终达到教育萌萌的目的。

在红白脸管理中，如果两人的目标不统一、方向不一致，就会令被管理者不知所云。这不但不能解决问题，反而会让事情变得更糟糕。所以，要想唱好“红白脸”的角色，首先要做到双方方向的一致，然后再协调步调、节奏，最终实现完美配合。

第一，唱前要及时沟通。当需要解决的问题摆在面前时，双方要事先商量好，谁来唱红脸，谁来唱白脸，切不可两个人唱同一腔调。如果两个人同时唱红脸，则很难让听者慑服，最终无法解决问题；反之，如果两个人同时唱白脸，则让听者认为你们不通情理，从而使矛盾更加激化，难以达到解决问题的目的。只有双方分工明确、各尽其职，唱好自己的角色，才能有条不紊地解决问题。

第二，明确最终目的是什么。开唱之前，红脸和白脸双方都要明白，此时此刻两人在一起配合是为了什么，要达到一个什么样的目的。是要告知听者一件事、传达一个信息，还是引导听者明白一个道理？或者是说服对方，让对方听从于自己？双方一定要做到目标明确，这样才能把劲往一处使，巧妙达成最终的目的。

第三，掌握好节奏，该谁上场谁上场。红脸、白脸之间的切换要掌握好节奏，当红脸以和善的口吻把自己的意思表达得差不多时，白脸要及时登场，给予对方适当的压力和紧迫感。另外，白脸、红脸的角色扮演人要固定下来，白脸就是白脸、红脸就是红脸，不能今天你是红脸、我是白脸，明天我当红脸、你做白脸，这样几个来回，被管理者就会对红白脸的变脸不太理解，甚至怀疑其人品不可靠。所以，红白脸双方切不可混淆角色，更不能抢对方的台词。总之，在红白脸对唱中，只要我们协调好各自的步调，并做到目标明确、方向一致，就很容易达到事半功倍的效果。

第二章

唱好白脸的策略

威慑力是这样炼成的

*

正所谓“慈不掌兵”，这四个字是对人性洞察之后的深刻论断，不仅适用于军事将领带兵打仗，同样适用于现代职场中的管理工作。作为一名管理者，如果一味心慈手软，在下属心目中将没什么威慑力。学会唱白脸，是管理者提升威慑力的必备手段。

慈不掌兵——只唱红脸不唱白脸，上下都说你软

慈不掌兵，这是一句流传甚广的用兵古训。意思是说，用兵的将帅是不能过于慈爱和心软的，否则就无法掌控和率领士兵。关于这一观点，春秋时期著名的军事家孙武也曾有过类似的话："厚而不能使，爱而不能令，乱而不能治，譬若骄子，不可用也。"这段话的意思是说，一个将领如果对士卒仁厚到姑息迁就不敢使用他们，一味溺爱而不命令他们执行任务，当士兵做了违法乱纪的事也不忍心去惩罚他们，这样的士兵就像被宠坏的孩子，是不能用来作战的。所以，一个将领要想率领千军万马，就不能过度仁慈，而要做到当慈则慈、当严则严。

在这里，我们不妨说一说朱元璋管理下属的秘诀。史书上记载，朱元璋最初靠乞讨为生，后来当了和尚，再后来又成了明朝的开国皇帝。关于他成功的因素有很多种分析和说法，然而我认为，朱元璋成就霸业的秘诀可以概括为两个字：其一善，其二狠。从表面上看，"善"和"狠"是相互对立的两个词，实际上却是相辅相成的。也就是说，该仁善的时候，一定要多发善心；该狠的时候，一定要做到绝不手软。

可以说，"慈不掌兵"四个字是对人性洞察之后的深刻论断，不仅适

用于军事将领带兵打仗，同样适用于现代职场中的管理工作。作为一名企业管理者，如果一味地心慈手软、姑息迁就，过度尊崇“无为而治”的管理方法，将会使团队内部滋生不良之风。长此以往，不但会影响管理者在下属心目中的威信，而且会影响整个团队的健康发展。

我认识一位叫贾亮的朋友，由于专业精通，自己创业开了一家公司。贾亮性格随和、为人善良，是一位难得的仗义之人。然而，他最致命的缺点就是太仗义、太善良了。由于贾亮自己当老板，所以凡下岗或想换工作的朋友，都求他帮忙给份工作。由于性格所致，每一个求他帮忙的人，他都一一给安排了工作，最终导致公司内部人员过剩，使整个公司效率低下、入不敷出。两年之后，贾亮的公司终因经营不善而倒闭。

我们常说做人难，其实做一名管理者更难。一个人要想把一个企业管理得有声有色，就一定不能心慈手软。我这里所说的不心慈手软，并不是说要对下属冷酷无情，而是说在关键时刻坚决不能因为自己的妇人之仁而坏了大事。

从某种程度上说，管理者对下属的“慈”就是“不慈”，而对下属的“不慈”却又是“慈”。比如，如果管理者对下属的行为不加约束，势必导致整个公司秩序混乱，从而影响整个企业的效益，员工在薪水待遇上也会有所损失；反之，如果管理者对下属“狠”一些，企业的效益就会大大地提升，员工也必然能得到更多的利益。由此可见，领导对下属“狠”一些，其实未必不是对员工更“好”一些。

在对下属的管理上，严是一种管理风格，爱也是一种管理风格。如果领导只懂得唱红脸，总是对下属爱护过度，对方就会觉得你软弱可欺，从而不尊重你；反之，如果领导严酷过度，又会使对方心中产生过大的压力，甚至认为你缺少人情味儿。

当然，“严”和“慈”并不是绝对的，严不等于冷酷无情，慈也不等于毫无原则。一个明智的领导者，在面对下属时，总能够在严厉中融入浓浓的人情，也总能够在慈善温和中表明自己的观点、坚持自己的原则。

作为一名管理者，在对下属的管理上，既要懂得唱红脸，又要善于唱白脸，做到严而有度、爱而不溺。这样一来，管理者既树立了自己在下属心中的威望，同时也赢得了下属对自己的爱戴和支持，从而增强整个团队的凝聚力和战斗力。

激将法——让对方主动干你想让他干的事情

凡是中国人，基本上没有不知道“激将法”的。可是知道并不代表做到，对于激将法的真正含义，估计不少人也语焉不详。所谓激将法，即利用对方的自尊心和逆反心理，通过“刺激”的方式，激起他内心潜在的不服输情绪，从而将这个人的潜能淋漓尽致地激发出来，或者促其不知不觉主动去干自己想让他干的事。可以说，“激将法”是一种不同寻常的说服方式，更是我们在本书中重点论述的红白脸策略中的白脸战术的具体体现。

从古至今，激将法是将领谋士们最喜欢用的谋略之一，诸葛亮就非常善于运用激将法。汉献帝建安十三年，曹操攻打江南，刘备为了躲过这次灭顶之灾，就派诸葛亮去东吴说服对方与自己合力抵抗曹军。

当时，周瑜掌握着东吴的兵马大权，要想说服孙权，自然要先过周瑜这一关。诸葛亮对周瑜不了解，不知道他的个性和为人，于是提前跟鲁肃盘算了一番。之后，诸葛亮带着鲁肃一起去见周瑜。鲁肃跟周瑜说明自己的来意之后，周瑜说：“我觉得应该向曹军投降。”

诸葛亮听周瑜如此说，立马回应道：“我认为将军说得很有道理。若吴国投降，倒是有一种不受任何损失的方法，那就是把大乔、小乔献给曹操。如果这样的话，曹操的军队就会无条件撤退。”大乔是孙权的哥哥孙策的老婆，小乔是周瑜的老婆，这么说可是够狠的。诸葛亮看了看周瑜的神情，继续说道：“曹操本就好色，早就垂涎大乔、小乔的美色，他发誓说：‘我一愿扫平四海，成就帝业；一愿是得江东二乔，置之于铜雀台，此生无憾矣。’为此，曹操还命曹植写了《铜雀台赋》，其中有‘揽二乔于东南兮，乐朝夕之与共’，以表明自己一定要得到二乔的决心。”

周瑜听罢大怒道：“老贼欺人太甚！”诸葛亮忙说：“自古就有和亲之说，如今为了保吴国安稳，这两个女子又有什可惜的呢？”周瑜说：“先生有所不知，大乔是孙策的遗孀，小乔则是我的妻子啊。曹操这老贼不是欺人太甚是什么！我坚决要与老贼对抗到底，还烦请先生助我一臂之力。”

诸葛亮通过激将法，巧妙地达到了激怒周瑜劝孙权出兵抵抗曹操的目的。其实，激将法既可以用于自己，也可以用于朋友，同样也可以用于对付敌人。激将法用于自己时，意在调动将士们战场杀敌的激情；用于盟友时，意在坚定盟友共同抗敌的决心，诸葛亮在劝周瑜与曹操对抗时，用的就是这样一个方法；用于敌人时，意在刺激对方使其丧失理智，做出错误的决定，好让自己有可乘之机。

俗话说：“树怕剥皮，人怕激气。”如何让别人做他不想做的事？“激将法”则是一种最奏效的策略。如果我们能够恰当地运用激将法，不但可以让一个人发挥出他自己都意想不到的巨大潜能，而且能够通过这种方法达到我们的目的。我们也可以运用激将法来管理自己的下属，从而达到攻坚克难的真正目的。卡内基钢铁公司的总裁查尔斯·斯瓦伯，在运用激将法方面堪称高人。

卡内基钢铁公司成立后，卡内基以年薪一百万的待遇聘请查尔斯·斯瓦伯担任总裁。当斯瓦伯上任后，发现其中有一个钢铁厂的规模很大，然而其产量却排在最后。通过与该厂的厂长沟通，斯瓦伯得知：他们的产量低，是因为员工普遍懒惰。于是，斯瓦伯向厂长要来一支粉笔，把白班组工人的6吨月产量写在车间的黑板上。第二天早晨，当斯瓦伯再次来到车间时，发现黑板上的“6”已经被夜班组的人改成了“7”。

就这样，在斯瓦伯激将法的刺激下，白班组与夜班组的员工相互较量，这个钢铁厂的产量也在较量的过程中逐渐提升。几个月之后，这家钢铁厂已经成为所有钢铁厂中产量最高者。可以说，这就是斯瓦伯用一支粉笔“激将”出来的奇迹。

由此可见，激将法是一种威力超强的秘密武器，很多棘手的难题通过激将法都可以取得立竿见影的效果。从红白脸管理策略角度来看，激将法暗合白脸之道，该刺激员工的时候一定要刺激，绝不可心慈手软。面对精神怠惰的员工，有时候从正面进攻非但不会奏效，反而更助其飞扬跋扈的气焰。所以，每一个管理者都应掌握白脸管理策略，在适当的时候把员工“激将”一下，让他们更加积极主动地拼命工作。然而，管理者在运用这种方法激励下属时，一定要了解对方的个性，然后针对不同员工的性格，运用不同方式的激将法。

第一，直接激将法。所谓直接，就是当面激将对方，使其蒙受屈辱。直接激将主要是运用一些言辞激烈的话语，直戳对方要害，甚至无情地对其进行贬低、羞辱，使其恼羞成怒，从而增强他做成某事的决心。一般来说，直接激将法适用于性情直爽、自尊心强的人。当他的自尊心受到侵犯时，内部的力量就会爆发出来。

第二，间接激将法。所谓间接，就是通过委婉曲折的方式来进行，比如通过称赞第三方，让对方意识到自己不如别人，从而激发其蓬勃的斗志。也就是说，利用对方争强好胜的心理来达到最终目的。一般来说，间接激将法适用于好胜心强的人，因为好胜心强的人不甘示弱，在任何事情上都要求比别人强，所以间接激将法能够激发他的斗志，促使其发挥出自己的聪明才智。

后果法——言明纪律与责任，让其感到后果很严重

张磊是某企业的总经理，他虽然处在领导的位置上，但在下属面前却从来不摆“官架子”，所以被下属们认为是单位中脾气最好的领导。但是，这样一位好脾气的领导，最近却辞退了一位工龄10年的老员工——王丹。对此，很多人在私下里议论：张总看上去一副和蔼可亲的样子，但在关键时刻还是动真格的了。

本来单位辞掉一个人并不是什么大不了的事情，但这次却不太一样。第一，张磊一直以温和的态度示人，几乎没有对员工发过脾气；第二，这个被辞退的人是单位的老员工，而且还是怀孕的女同志。

究竟是什么原因惹怒了张磊呢？原因就是王丹不把公司纪律当回事儿。在王丹怀孕后，张磊作为领导，对她相当关照，重活、累活都不交给她做，所以王丹每天的工作比较清闲。

一闲下来，王丹就经常出去干私活儿，上班只是来打个照面，然后就不见人影了。张磊发现这一情况后，明确地告诉王丹，公司不允许员工接私活，一旦发现，就会被开除。王丹收敛了几天后，又开始在外面干私活。张磊一气之下就把王丹给辞掉了。

在这里，张磊运用的就是“后果法”。所谓“后果法”，就是指先把后果明确地告知对方，如果对方在清楚后果的情况下仍然明知故犯，就要对他进行严格的处罚。从红白脸管理角度来看，这里的“后果法”属于白脸管理范畴，有着强硬的态度和执行力。

“后果法”这一概念，最早是由法国著名教育家、哲学家、文学家卢梭提出来的。最初这一方法只是针对孩子的教育，卢梭在对待孩子的教育问题上有一套独特的观点，他反对口头说教，认为人为的惩戒是违反天性的行为，孩子的教育应该顺应孩子的天性，主张通过孩子自己的体验来解决问题，让孩子在自己经历后果后自觉改正错误。

在卢梭的《爱弥儿》中有这样一个经典的案例：

爱弥儿在玩耍的时候，不小心把客厅的玻璃打破了。当事情发生后，爱弥儿的父母没有及时把玻璃装上，也没有批评他，只是让爱弥儿在客厅里睡觉。到了晚上，寒冷的大风从被打破玻璃的窗户中灌进来，爱弥儿一晚上都冻得瑟瑟发抖。这个时候，他真正意识到自己打破玻璃的行为是错误的。第二天，爱弥儿主动跟家人道歉，并帮助他们把玻璃装上。

爱弥儿的父母这种无声的教育远比口头说教来得有效。从某种意义上说，“后果”才是孩子最好的“老师”。这样的教育让孩子感同身受，印象深刻，真正记在心里，并内化为一种行为习惯。后来，“后果法”被人们扩展应用到商场、官场等各个领域。在家庭教育中，“后果法”中的“后果”往往是隐匿的，等待孩子自己去发现和体验。而在商场、官场中，通常是摆明后果给对方，让对方意识到后果的严重，从而修正自己的行为。

作为管理者，无论遇到什么情况，在执行后果法的过程中，决不能心慈手软，否则下属将会觉得所有的纪律都形同虚设，从而对公司条例视而不见。俗话说：“没有规矩，不成方圆。”公司的纪律就是公司的“家法”，“家法”的权威要靠管理者建立。管理者要恰当地运用“后果法”，向对方言明纪律与责任，让其意识到高压红线之所在，一旦触犯警戒线，后果将无比严重，只能自己收拾残局。

关于后果法，有句古话说得好：“勿谓言之不预也。”在全球外交事务中，我们经常见外交部发言人在处理国际争端时常常抛出这句话。意思就是说，以后发生任何严重后果，不要说没有提前警告过你们。如果警告过，你们还主动找麻烦惹事，那以后发生任何后果都要自己承担。

这不正是“后果法”的神奇妙用吗?

言而有信——白脸这样唱才有威慑力

我们夸赞某人言而有信，最常用的成语就是“一诺千金”。这个成语出自《史记》一书。秦朝时，楚地有一个叫季布的人，他性格耿直、为人豪爽，只要是他答应过别人的事情，无论有多大的困难，都一定会遵守承诺。所以，在民间流传有“得黄金百斤，不如得季布一诺”的说法，浓缩为四个字，就是“一诺千金”。

俗话说：“人无信不立。”一个人只有做到言而有信，才会受人敬重。作为一名管理者，如果不能做到言而有信，就很难产生威慑力，对下属的管理工作也就很难做好。所以，对于管理者来说，首先要解决的问题，就是树立自己的威信。

树立威信的方式有很多，但最行之有效的方法就是以德服人。一名管理者要是说话不算数，老是对员工承诺一些无法实现的事情，时间久了员工就会对你不信任，继而丧失对工作的激情和热忱，这对一个企业来说是最致命的事情。

言而有信不仅指要兑现对下属奖励的承诺，同时也指要严格执行对员工的惩罚。也就是说，一位言而有信的红脸管理者是“以慈立威”，而一位言而有信的白脸管理者则是“以严立威”，相较之下，言而有信的白脸管理者更容易产生威慑力。

孙武经好友伍子胥引荐，把《孙子兵法》献给吴王阖闾，吴王看后赞不绝口，问道：“我看你在书中讲得头头是道，但我想试验一下。”于是，吴王挑选一百名宫女，让孙武进行练兵。吴王心想，如果你能把女人训练成功，我就真信你了。其实，他有些故意刁难孙武。

接到这个任务之后，孙武并没有被吓倒，而是将所有的宫女分成两队，并让吴王最宠爱的两名妃子充当队长。队伍站好以后，孙武向她们讲述了训练要领。当一切准备就绪，孙武就开始发出号令，此时宫女们不但没有听从号令，反而捧腹大笑，乱作一团。孙武看后大怒，把军令再次交代一番，当再次击鼓发令时，宫女们仍是一副满不在乎的样子。三令五申之后，宫女们依然不服管教，担任队长的两位妃子更是笑得前俯后仰。

此时，孙武大怒道：“此地不是皇宫，是军队；你们不是宫女，是军人。军令交代不清，是将军的过错；军令交代清楚，你们不服从军令，就是队长和军人的过错。你们竟然公然违反军令，队长应当斩首。”说完便命令武士将两位队长推出去斩首。然后，他又命两位宫女做了新的队长。所有的宫女一片肃静，再没有交头接耳、嬉笑打闹，而是听从号令走着统一的步伐，做着统一的动作，俨然一副军人的气派。

在这个案例中，孙武完美地唱了白脸的角色。但是，他这个“白脸”并没有得罪人，因为有法可依、有令可行。孙武之所以能练兵成功，就在于树立了统帅的威慑力。他坚持法令面前人人平等，真正做到了“出令必行，行令必严”。所以，一个英明的管理者，要想提高自己的领导力、树立自己的领导权威，就一定要让自己做到赏罚分明、言而有信。尤其对那些总是触犯规则的人，该唱白脸的时候绝不脸红手软，一定要给予严厉惩罚。

一名管理者如果做不到言而有信，下属就不会服从管理，即使听从也只是阳奉阴违。因此，管理者必将失去领导者应有的尊严，所经营的事业也必将面临失败。

扭转之道何在？那就是：让自己学会唱白脸，树立一种掷地有声、抓铁有痕的领导威信。

先柔后刚——让对方觉得敬酒不吃吃罚酒

金庸在《射雕英雄传》里有这样一句话:“刚不可久，柔不可守。”表面上是说武功的技巧，细想一下，这句话也是在说我们的人生。

当直面对手的时候，要想取得绝对的胜利，绝不能靠一种方法，只有做到刚柔并济，才能获得最终的胜利。所谓“刚”，是说强硬的态度和手腕，所谓“柔”，就是化骨绵掌般的温柔招式。“柔”看似力量微小，实则威力十足。

三国时期的刘备就是一个先柔后刚，最后一统天下、成就霸业的人。初期，刘备虽然心怀大志，但时机不成熟，所以他表现得很低调，总是以一副柔弱姿态示众。为了消除曹操对自己的戒备之心，刘备在“青梅煮酒论英雄”一幕中，充分展现了自己“柔”的一面。甚至有一段时间，刘备一度在田间忙碌，给曹操造成一种胸无大志的假象。

在遇到徐庶后，徐庶向刘备推荐了诸葛亮。刘备对诸葛亮的才能有所了解之后，便紧紧抓住机会，谦卑恭诚、三顾茅庐，以一片赤诚之心感化诸葛亮出山协助，后来又联合孙权在赤壁大败曹操，最后灭刘璋，成就了自己的霸业。

通过三国故事可知，刘备真可谓深得刚柔之道的天才级高手，正因为有了“柔”的前期积累，才有后来的一举获胜，强大到称王称霸的地步。所以，“柔”是一种姿态，尤其是当你实力不足的时候，必须学会明哲保身的艺术。看似柔弱，其实是在为“刚”蓄积能量。一个人只有先懂得“柔”，才能让“刚”更好地发挥效力。这种“先柔后刚”的策略不仅适用于带兵、治国，同样适用于现代管理者对下属的管理。

众所周知，《易经》中有“阴阳”之说，而不是“阳阴”之说。两个字的次序不同，说明了什么？这告诉我们阴在阳前，正如柔在刚先。凡大人物成就一番事业，往往是谋于阴成于阳。如果从管理学角度来解释，管理者应该对下属先礼后兵、以理服人，非不得已不要以武力解决问题。比如，当你面对一名放荡不羁、不守规则的下属时，要先用柔和的方式与之沟通，使对方意识到自己的错误。如果对方确实屡教不改，这时再考虑用强硬手段解决问题，如此做法能够让对方觉得自己敬酒不吃吃罚酒。

刘凯是公司新招的员工，能力比较强，但有点吊儿郎当，对谁的话都不太放在心上。负责带刘凯的是部门经理张鑫，年龄和刘凯差不多。每次张鑫给刘凯提建议，他总是听不进去，依然一副我行我素的模样。

当张鑫把情况反映给总经理陈昊后，陈昊把刘凯叫到自己的办公室，先是给刘凯倒了杯水，并面带微笑地对刘凯说：“听你们部门的张经理说，你工作能力强，技术也很好。咱们技术部很久没有招到过像你这样有前途的新人了。”陈昊顿了顿，接着说：“但是，听说你不太好管，不太把张经理的话和公司的制度放在心上！”

看着陈昊的微笑，本来以为会被提拔的刘凯开始紧张起来。陈昊继续说道：“作为公司中的一员，你技术好，领导都看在眼里，但是一定要懂得尊重上司，并严格遵守公司的制度。不然，就算技术再好，也很难受到公司的重用！”

此时，陈昊的表情已从刚开始的温和转为严肃，然后接着说：“如果你想在咱们公司继续做，就一定要用心做事，和同事、领导好好相处。公司会给予你足够大的发展空间；如果你不想在咱们公司发展的话，我也支持你，希望你能够找到更适合的工作……”说完之后，陈昊让刘凯自己认真思考一下，然后就让刘凯离开了。

第二天，刘凯并没有辞职，而是一改原来那副吊儿郎当的样子，不但工作踏实认真，与同事的关系也融洽起来。半年之后，刘凯果然升职了。

在这件事情上，总经理陈昊用的就是先柔后刚的管理方法。他先是采用怀柔战术，让对方放松警惕，然后一招制胜，用“刚”来杀其个出其不意，并最终达到一举制胜的目的。这种先柔后刚的管理战术虽然效果明显，但在具体运用时，需要注意以下几点：

第一，根据具体情况和对象进行分析。这种“先柔后刚”的招数并不是对每个人都适用，这一招更适用于积极上进、自尊心强的人，但是对于那种破罐子破摔、什么都无所谓的人效果并不明显，对这类人应该多采用白脸中的严惩机制，让其多长记性，正所谓“闷鼓需用重锤”。反之，如果继续采用怀柔手段，对方可能就这样一路混下去了。

第二，把握好“柔”和“刚”的力度问题。在先柔后刚这一招里，“柔”负责给“刚”做铺垫，其目的是为后面的“刚”积蓄力量。所以，在运用这一招时，掌握“度”极其重要。如果前期“柔”的铺垫不够，那么后期“刚”的力量也会不足；如果前期“柔”得太过，后期“刚”的力量也会被削弱，显得底气不足。所以，只有把“柔”的铺垫做到恰到好处，才能使这一招数发挥最大的作用。

既要凶，又要出言在理——掌握红白脸切换的节奏

在职场中，大部分下属对领导都具有偏见的认识，总认为“爱发脾气”的领导都是坏领导，只有那些“不爱发脾气”的领导才是好领导。其实，下属们这种判断领导好坏的方法过于武断。在管理工作中，“爱发脾气”的领导和“不爱发脾气”的领导有可能都是好领导，也有可能都是坏领导。只有那些“会发脾气”的领导，才是真正的好领导。

关于领导者应不应该对下属发脾气这个问题，日本著名的企业家稻盛和夫曾经说：“经营者对下属的纵容、娇惯只不过是‘小善’。企业管理者要想培养真正优秀出色的人才，就必须对员工进行严格要求，这才是真正的‘大善’。”所以说，一个人要想成为优秀的管理者，并不是在下属犯错的时候不发脾气，而是学会“科学地发脾气”，既要让自己学会唱白脸，做到“凶狠”，更要学会唱红脸，做到“出言在理”，让下属心甘情愿地接受你的训斥、批评。

如果你善于研究世界知名企业的管理策略，则会发现很多著名企业的领导者都是“大脾气”的主儿。比如，松下电器公司的创始人松下幸之助，他对下属是出了名的严厉，经常在公众场合对犯错的下属破口大

骂。然而，我们并不能因为松下幸之助爱发脾气就把他归入坏领导的行列。相反，松下幸之助却是值得无数管理者学习的榜样。

江口克彦在松下公司工作了三十多年，其中有二十几年的时间在做松下幸之助的秘书。当他回忆起自己的领导松下幸之助时说，松下幸之助生气的时候非常吓人，很多下属被他站着骂一两个小时是常有的事情。但江口克彦印象最深刻的是，每当骂人骂到最后时，松下幸之助都会对被骂的人说："有你帮忙还怕事情办不成？你不是很了解我的想法吗？怎么还会这么做呢？"总之，松下幸之助所有的批评和指责，都会让下属感觉到：松下先生是因为对我的期望高才会骂我的，所以我一定要更加努力地工作！

另外，松下幸之助在骂过下属的当天，会主动给被骂的下属打电话。当下属在电话中小心翼翼地说"对这次的错误真是抱歉"时，松下幸之助则会若无其事地安慰下属说："噢，那件事早已过去了，以后记住就好了！我现在有一个新的计划，你马上来我办公室探讨一下……"

当员工犯错之后，松下幸之助会毫不客气地批评他们，但是在批评之后，又会及时地肯定、鼓励他们。可以说，松下幸之助的这种管理策略正是红白脸的巧妙运用，只是他采取的是先唱白脸、后唱红脸的方式。或许他认为，先唱白脸能让被骂的员工彻底反省自己的错误，再唱红脸则能让员工因为被领导再次肯定而比以前工作得更卖力！

关于领导究竟要不要凶一点，我曾经做过一次跟踪调查试验。在试验期间，我选择了三组工作团队来做研究对象。第一组领导的管理方式是责骂式管理；第二组领导的管理方式是赞美式管理；第三组领导采取的则是不赞美也不责骂的放纵式管理。

在试验刚开始时，被责骂的一组表现最好。但一段时间之后，被赞美的一组却表现得更优秀。从心理学角度来分析，当人被领导责骂时，内心会产生紧张情绪，为避免领导指责，他们会努力做出一定的成果。

但时间一长，这种谩骂声不但不能激励员工，反而令员工产生抵抗情绪，从而降低了他们工作的能动性。从此，这些人开始破罐子破摔，领导爱咋地咋地。相反，当一个人被赞美时，他就会振奋精神，变得更加自信，于是内心便产生了“我下次要做得更好”的积极想法。

不过，人性天生就有“犯贱”的悲哀。如果一个人听到的都是鼓励和赞美，一段时间之后，他就会变得狂妄自大、目中无人，甚至开始飘飘欲仙，感觉自己无所不能。所以，作为管理者，要想管好下属，就一定要把握好什么时候应该赞美、什么时候应该斥责。

在这里，为了让管理者更有效地做好管理工作，我向大家讲解一下管理中的“五要”和“四不要”。

管理者一定要做到的“五要”：

第一，批评之前，要理清责备下属的原因。领导在责备下属时切忌老账旧账一起算，否则下属就很难搞明白自己错在那里，自然也就很难做到“知错就改”。另外，如果你没有搞清楚责骂下属的真正原因，就很难把握责骂下属的分寸，更不能指出他犯错的根源所在。这样一来，所有的指责、谩骂只能是你不良情绪的宣泄，对改正下属的错误无济于事。

所以，在批评下属时，管理者一定要理清批评下属的真正原因。究竟是因为他能力差而指责，还是因为他工作态度有问题而指责？或者是因为这个下属的人品有问题而指责？对于工作能力不足的下属，可以着重提升他的工作技能；对于工作态度有问题的下属，可以通过沟通的方式来调整他的态度；对于人品有问题的下属，则可以果断地开除，让他一走了之。总之，领导者只要能对下属的问题对症下药，所有的问题都将迎刃而解。

第二，责骂下属要做到对事不对人。古人云：“人非圣贤，孰能无过。”无论是在工作中还是在生活中，每个人都会犯下或大或小的错误。所以，当下属犯错时，作为管理者，要及时发现下属的错误，并帮助他改正错误。就算批评，也只能是针对这件事情批评，切忌因为一个人犯了一次小错就全盘否定对方，让对方彻底丧失自信。另外，更不要把员工的错误上纲上线，对其进行人格的侮辱。

第三，批评下属要因人而异。俗话说：“一母生九子，九子各不同。”一母同胞还有着这样大的差别，作为被综合因素而塑造的人，由于每个人成长的环境不同、接受的知识结构不同，每个人的性格自然就更加存在差异。所以，领导在批评下属时，尽量要做到因人而异，根据不同人的性格特点采取不同的策略。

对于那些自律性强、爱面子的下属，切忌当众批评。当这类下属犯错误时，你最好悄悄把他叫到办公室，只需轻轻点拨，他就会明白自己的失职，并为此自责不已，然后尽力弥补自己的错误。反之，如果你当众批评他，会让他感觉自己颜面丢尽，从而产生逆反情绪，最终影响工作效率。

对于那些皮糙肉粗、做事马大哈的员工，如果你只是委婉地批评他，他根本意识不到问题的严重性，当然就不会用心改正错误。所以，对于这类人，当他们犯错时，你就一定要严厉批评，甚至要敢于说一些狠话，只有这样才能够让他们长记性。

第四，批评下属时要注意措辞。当一个人生气时，往往会丧失理智，甚至会说一些气话、狠话。而作为管理者，无论下属犯了多大的错误，都一定要控制好自己的情绪，切忌说那些伤人自尊的恶毒之话，更不要对下属进行语言上的人身攻击。

第五，要善于运用“赞美＋责备＋赞美”的三明治管理策略。对于犯错的下属，如果管理者总是当头一棒，会让下属难以承受，甚至感觉这位领导过于不近人情。反之，如果管理者在批评之前，先肯定他的优点，然后再指出他工作上的某些错误和不足，并提出一些相应的改进方案，最后再针对他的一些优点鼓励、夸奖一番。这样一来，下属感觉到的只是领导对自己的器重，反而忽略了被批评的不快。

管理层一定要做到的“管理四不要”：

第一，不要当众责骂下属。当众责骂是一种最糟糕的管理方式，这种方法不但不能从根本上解决问题，反而让下属对你产生怨恨，从而激化上下级之间的矛盾，更不利于工作的进展和团队的团结。

第二，不要借责骂下属来施展管理者的威风。下属对领导者的敬畏有两种：一种敬畏是因为你坐在领导的位置上，所以下属们怕你，对你低头哈腰；另一种敬畏则是因为下属钦佩你、欣赏你，所以有一种发自内心的敬畏之感。对于那些总是借责骂下属来耍威风的领导，下属虽然表面上对你言听计从、唯唯诺诺，其实他们内心根本不把你当回事儿。

第三，批评就是批评，不做人身攻击。俗话说，说出去的话如泼出去的水，想收都收不回来。所以，领导在批评下属时要注意口德，千万不要说“你人品有问题，你缺少教养”等有人身攻击色彩的话。

第四，就事论事，不翻旧账。很多领导在批评下属时，最常说的一句话就是：“咱们今天旧账新账一起算！”从表面上看，这个领导很大度，对下属忍耐很久了。从另一个角度上来说，这个领导也太小肚鸡肠了，什么鸡毛蒜皮的事情都记在心上。管理者要想真正纠正下属的错误，就要做到就事论事，所有的话题都要以“今天的错误”为中心，并从中找到解决问题的方法。

综上所述，一个爱发脾气的领导肯定不是“好领导”，但一个不爱发脾气的领导也未必就是“好领导”，只有那些会发脾气的领导才是真正的“好领导”。因为这些会发脾气的领导懂得什么时间该发脾气、什么时间不该发脾气，也就是说会灵活掌握红白脸切换的节奏，从而能够真正让自己做到既凶又出言有理，始终保持自己作为领导者的良好形象。

白脸要唱精确——指明具体问题，而不是只说“这样不好”

作为一名管理者，要想让下属佩服你，语言是首要的武器，你要懂得说话的技巧。当然光有技巧还不够，重要的是你要懂得怎么说才能一针见血地指出问题。这就要求管理者说话要精确，尤其是作为唱白脸的管理者，在指出问题的时候要具体，而不是只模棱两可地说：“这样不好呀！”到底是哪里不好？你一定要说出一二三四，让下属心知肚明、心服口服。

张磊是一家糕点公司的区域经理，在公司的管理中，无论遇到多么棘手的问题，他都能在最短的时间内解决。最近，张磊管辖的区域新开了一个分店，但业绩一直差强人意。于是，张磊就把自己的助手李军派到新店去做管理。经过李军的整顿，分店的业绩有了一定的提升，但仍然是在亏本运营。于是，张磊决定亲自出马。

张磊到达分店后，发现每个店员都在忙自己的工作，并没有什么异常的问题。接近中午时，分店接到一单生意，而且是这个分店成立以来最大的订单。张磊很是重视，立马召集所有店员开临时会议。也正是在这次会议上，张磊发现大部分店员对工作缺乏主动性，一旦遇到问题，都相互推诿指责。另外，由于这个店是刚刚成立不久的新店，大部分员工也都是新招聘来的，所以整个团队缺少一种凝聚力。

针对这一问题，张磊的解决方法是：先当着全体员工的面，批评了公司里最不积极的员工王凯。为了增强整个团队的凝聚力，规定公司每个部门每个月至少有一次聚餐，或者举办其他娱乐节目，相关费用可以找公司报销。果然，没过多长时间，员工工作的积极性就被大大调动起来，公司的效益也就上去了。

由此可见，管理者在发现问题时，要眼睛明亮、一眼见底；在指出问题时，要直击要害、一针见血。也许你会认为，管理者唱白脸，对下属的批评过于直接会伤到对方的面子。然而，如果对下属一味唱红脸，批评的言辞过于委婉，对方则难以意识到自己的错误，或者不清楚自己的问题究竟出在哪里。这样一来，不仅达不到批评的目的，反而会让下属一错再错，最终不是害了他吗?

俗话说：“玉不琢，不成器。”再好的玉石，如果不经能工巧匠的精心雕琢，都难以成为出众的玉器。从某种程度上说，管理者担任的就是雕刻师的角色，如果你不能发现、纠正下属的错误，就难以使下属提升、成长，更无法培养出卓越出众的下属。

作为管理者，必须具备及时发现问题、迅速解决问题的能力，管理者的职位越高，就越需要掌握“有效批评他人”的本领。如果你没有这种能力，就可能使问题扩大化，进而一发不可收拾；如果你具备这种能力，则可以让下属打心眼儿里信服你，从而服从你的领导。

那么，管理者应该如何做才能真正做到敏锐发现问题并精准解决问题呢？这需要从以下两个方面努力：

第一，培养自己的专业素养。一名称职的管理者，首先要具备过硬的专业素养。只有一个内行的人，才能发现别人的问题，并给对方指明正确的方向，从而让对方心服口服地承认错误。

第二，培养自己敏锐的洞察力。洞察力是一个人能否发现核心问题、抓住主要矛盾的关键。洞察力的培养来自平日对周围事物的细心观察，以及用心思考不同事物之间的各种联系。可以说，世界上的所有事物之间都存在着或明显或不明显的联系。对于一个普通人来说，他只能看到事物表面的联系，而对于一名优秀的管理者来说，他却能透过现象看穿藏在事物背后的本质问题。

白脸要唱适度——所谓情商高，就是要有分寸感

春秋战国时期，郑国的太叔为丞相。他任政期间对百姓的管理不忍严厉，只求宽大。不料，一段时间之后，郑国的盗贼增多，严重影响了郑国百姓的正常生活。这时，太叔后悔自己没有听从子产的话，于是派兵捉拿盗贼，并一举歼灭他们。

孔子听说这件事后，对太叔的举动大加赞美，并总结说："政宽则民慢，慢则纠之以猛；猛则民残，残则施之以宽。宽以济猛，猛以济宽，政是以和。"后来，人们又把孔子的这句话概括为"宽猛相济"四个字，意思是说，执政者要做到宽容和严厉相结合。

从现代管理学的角度来说，管理者要想在下属心中树立威信，必须要善于唱白脸。但唱白脸却需要掌握一个"度"，千万不可过分。也就是说，当下属犯错时，管理者要善于从本质上加以区分，对于原则性的错误，要严加批评；对于无足轻重的小错误，则可点到为止，切忌小题大做，责之过重。尤其在平时与下属接触的时候，管理者千万不要总是板着一副面孔，否则下属将会从心理上疏远你，从而影响整个团队的团结

和凝聚力。

王辉是单位某部门的处长，也算是一个领导。可是，这领导并不好当，王辉每天在单位都是板着脸，看到下属做的工作不满意，哪怕是芝麻大的事儿，他都要发通脾气。所以，在下属心目中，他是一个“坏人”的形象，大家私下里都叫他“冷面王”。平时在单位遇到王辉，下属们也很少主动与他打招呼，总是能躲则躲。

刚开始的时候，王辉并不知道下属们怕自己。直到有一次，他们部门成功完成了一个大项目，王辉为了给大家庆功，于是带着大家去聚餐。

在餐桌上，王辉发现大家都在闷头吃饭，根本没有那种庆功宴的高兴劲儿。王辉感到奇怪，说了几句话就找借口离开了。然后，他躲到包间外面听里面的情况，谁知道不一会儿里面就热闹了起来，大家说说笑笑，很是开心。

回到家中，王辉还在思考：“大家为什么都这么怕我呢？”为了探明自己在别人心中的形象，他开始试探着问自己的妻子：“你感觉我是一个怎样的人？难道我真的很可怕吗？”听他这么一问，妻子说道：“用女儿的话说，你的脸上不是多云就是阴天，从来没有晴天的时候！”

既然找到了问题，就需要解决问题。王辉第二天一到单位就开了个会，跟大家讨论最近几个月的工作计划。这次，王辉不再是一副严肃的面孔，而是态度和善地跟大家说话。大家看王辉突然间发生了如此变化，不禁面面相觑。

从此以后，王辉几乎不再对下属发脾气了。刚开始，大家只是试探性地与他聊几句。后来，下属们遇到工作上的难题，都开始向他请教。就这样，整个部门的工作气氛不再像原来那样死气沉沉了，工作效率也大有提高。

唱白脸的确能让管理者在员工面前树立威信，然而一旦过了“度”，就会产生消极的影响。作为管理者，如果白脸唱过了头，下属们就会对你敬而远之，从而不利于整个团队力量的凝聚。上述案例中的王辉因为在单位唱白脸过了度，他的下属都怕他，工作的时候也难以放开手，工作效率势必会下降。反之，如果管理者对下属太热情，把红脸唱过了，也会让下属不尊重你，对你缺少一种敬畏感。所谓物极必反，说的就是这个道理。

正如孔子所说：“宽猛相济，政是以和”。宽，就是唱红脸；猛，就是唱白脸。管理者要游刃有余地拿捏好两者的分寸。所谓情商高，就是指善于把握分寸。总之，作为管理者，凡事必须掌握一个“度”字，做人做事追求张弛有度、恰到好处，这才是中国式管理的精髓所在。

唱白脸要强硬，但又不失人性

在对下属的管理中，很多管理者都喜欢扮演白脸角色，这是因为白脸产生的效果比红脸更深远。但是，唱白脸也有唱白脸的学问，并不是发个火、批评下属几句那么简单。唱白脸首先要做到的一点就是要强硬，在下属面前树立一个“铁腕”的形象。如果管理者能够保持强硬的态度，下属就会屈从于你，自然就会按照你的指示行事。

战国时期，赵国军力不强，受中原大国欺侮。林胡、楼烦等游牧民族也不时骚扰，邻境较小的中山国也时常进犯。赵武灵王（赵雍，约前340—前295）为了增强军队的战斗力，希望自己的士兵能够效仿胡人，学习他们善于骑射的本领。于是，赵武灵王便向大臣们提出了“着胡服，习骑射”的主张。没想到的是，这个主张还没有下发，便遭到众臣的反对。朝中的一些亲贵大臣并不觉得这是一个强兵利民的好办法，反倒觉得是在向落后学习，认为赵武灵工是在拿国家开玩笑。

赵武灵王不顾这些迂腐陈旧的思想，强硬颁布了“着胡服，学骑射”的法令，命令全国的百姓都要穿胡服、学骑射。他自己也穿着胡服召见群臣，并且亲自带队训练将士。那些持反对意见的亲贵大臣一看没有办法阻挠，就开始四处散布谣言，说赵武灵王的这些举动就是为了羞辱大家。谣言传到了赵武灵王的耳朵里，他立即召集所有的亲贵大臣，当着他们的面一箭射穿了城楼上的枕木，并严厉地对所有人说：“若是谁再反对这项法令，我的箭下次射穿的就是他的胸膛！”大臣们看赵武灵王的态度如此坚决，谁也不敢再胡说八道了。

事实证明，胡服骑射让赵国军事装备和作战方法得以改进，赵国因此日益强盛起来。最终赵武灵王率大军攻击匈奴，占领今内蒙古南部黄河两岸之地，建立云中、九原两郡，又在阴山筑赵长城以抵御胡人。前296年，吞并中山国。前314年，燕国国相子之叛乱，国都被齐国、中山国攻破，赵武灵王扶植燕昭王回国即位。一时之间，赵武灵王在战国群雄中成为一颗耀眼的新星。

通过这个故事可以明白，管理者只有树立起“铁腕上司”的强硬形象，才能够震住下属，使他们产生畏惧感，从而使他们不敢和你对着干。如果一个领导想真正干点前无古人后无来者的大事业，必定会遇到各种各样的阻挠，但如果你确信自己的方向和选择是对的，就一定不要在各方质疑的声音下退却，而是要以强硬手段推行自己的计划。

另外需要强调的一点是，管理者在唱白脸时，一定要做到专业。也就是说，管理者只有具备超强的专业知识和素养，才能够在分析问题时一针见血，并能够为解决问题提供良好的方案。这里所说的专业，不仅包含工作内容的专业，也包括工作成就上的专业。一个人之所以能够成为管理者，他必然要在自己的领域内有过人之处，这不仅是一名管理者的立足之本，也是让下属对自己尊重、认可的必备条件。

说起管理，无论涉及范围如何广泛，内容多么复杂，归纳起来也只有“管”和“理”两个字。所谓“管”，本义为圆筒形物，如导管、钥匙等，引申为疏通、管束，即管人心。所谓“理”，本义指玉石的纹理，有规律和原则的意思，无论多么复杂的人和事都有头绪可理，即理事务。

也就是说，管理者既需要完成自己的控制职能，又需要完成自己的协调职能。在管理过程中，管理者的控制职能主要体现在公司制度的执行上，公司的规章制度就是一个企业的“法”，必须严格执行；而管理者的协调职能主要体现在一个“情”字上，在管理下属时要洞悉人性，具有一定的人情味儿。所以，高明的管理者，在确保下属遵守公司制度的前提下，总能够做到“以人为本”，将企业制度的严肃性与员工的心理需求统一协调，使下属们更愉快、更轻松、更高效地做事。

有一家机器设备生产企业，公司的安全规章制度中明文规定：禁止员工在易燃易爆区使用非防爆手机。但是，在实际工作中，员工却有使用手机的需求，也就是说，公司的规章制度与员工需求相矛盾。后来，经过公司管理层的多次研究，决定为员工购买防爆手机，这一决策受到广大员工的欢迎。

这个企业管理层的决策是极为明智的，他们的这一做法既体现了公司制度的严厉性，也满足了员工的实际需要，充分体现了管理者的人性化。可以说，这个企业的管理者在对下属的管理上花费了不少心思，红白脸平衡艺术掌握得相当不错。当公司制度和现实状况发生冲突时，管理者不能强制执行，而要将制度的刚性约束与人性化的管理进行有机结合，巧妙地将“以人为本”的管理理念融入企业管理的脉络之中。

一个人要想把白脸的角色唱好，除了强硬、专业以外，最重要的一点就是要做到不失人性。一个人如果失去了人性和人情味，不管他的行为如何正确，都将会变得冷冰冰的，让人心生畏惧，从而疏远他。可以说，这将是管理者的一大败笔。

杀一儆百的白脸唱法

杀一儆百，顾名思义就是处死一个人，借此来警戒更多的人。处死只是表面的意思，其实说的就是惩罚。自古以来，在中国管理史上这样的做法就很普遍。

商纣被灭以后，周朝建立。建国之初，周王朝需要一批人才为国家效力。在齐国有一位贤能之士，名为华士，地方名人志士都很尊重他。姜太公慕名而去，想请他出山为国效力，去了三次，都被拒之门外。出人意料的是，姜太公突然就把他给杀了。周公想救都没来得及，就问姜太公："华士是一个贤能的隐者，不追求荣华富贵，为什么把他给杀了呢？"

姜太公回答："四海之内，莫非王土。在国家需要的时候，人人都应该站出来出一份力。不合作就是反对，不容许有别的立场在。像他这样自命清高不肯为国家出力的人，如果不加以惩治，所有贤能之士则都会学他。这样一来，天下哪里还有可以用的人才呢？国家招才引贤，这本该是积极响应的事儿，如今请都请不动，这样的人不会带来好的影响。

我这是杀一儆百。”

在华士被杀之后，那些自命清高的人都主动投奔周公，这就是“杀一儆百”所达到的良好效果。要想让“杀一儆百”达到最明显的效果，首先要善于掌握这一做法的时机，要在大家都高度关注的情况下，出其不意地给对方一个重罚，然后震慑到所有的人。

杀一儆百的方法不仅在官场适用，在职场也同样适用。

刘主任刚刚辞掉他们销售部门的一名员工王芳，原因是王芳经常在上班时间开小差，她不仅自己看视频、看小说，还拉着其他同事一起聊天。为此，刘主任不止一次警告她，然而她每次都是收敛几天，之后又一切照旧。最后刘主任把王芳辞掉了。

在离开公司的时候，她还跟刘主任辩驳说：“大家都有开小差的现象，为什么只辞掉我不辞掉别人？”刘主任回答道：“大家多少都有这个现象，但你是其中最严重的一个，所以我必须辞掉你，让其他人看看上班时间不干正经事儿是什么后果！”果然，王芳离开单位后，公司的员工都更加卖力工作了，销售部门的业绩也提高了很多。

杀一儆百要的就是这种效果。在企业管理中，每一个企业都有自己的规章制度，这些制度就是员工行为的“警戒线”。然而，并不是每个员工都能够自觉地遵守，总有几个不自觉的员工会违反公司制度。当这些员工逾越了这条“警戒线”，就要受到应有的惩罚。这种惩罚是极其严厉的，要在公司内部给予公告，从而起到以儆效尤的作用。

杀一儆百属于大招，要讲究使用的方法，用时有以下几点要注意：

第一，杀的这个“一”要有足够的代表性。杀的这个“一”，对“百”来说要有足够的震慑力，如果没有足够的震慑力，就起不到警告其他人的作用。所以这个“一”一定要选择恰当，一定是典型中的典型。

第二，“杀”是“儆”的铺垫。在“杀”之前要进行足够的铺垫，让其他人的注意力都集中在这个“一”身上，当大家对他的注意力达到最高点的时候，便是动手的最佳时机。往往这个时候产生的影响最深，效果也是最好的。

第三，“杀”的理由一定要充分全面。既然决定要用这个“一”来以儆效尤，就要在他身上把所有问题都找出来，然后让别人引以为戒，把“一”的功能发挥到淋漓尽致。

“杀一儆百”是开始，“令出必行”是结果。作为一名管理者，当你发现言语警告不管用的时候，就需要用“杀一儆百”的方法来解决问题。可以说，“杀一儆百”是白脸唱法中最有效的，它比普通的冷言冷语带来的作用更迅猛更彻底。

第三章

唱好红脸的策略

和稀泥也是一门技术活

*

《孙子兵法》中说：“兵者，诡道也。”用兵之道在于千变万化、诡计多端，一个人要想在战争中获胜，就一定要善于运用各种迷惑、欺骗对方的战术。作为一名管理者，也如同战场上的指挥官，一定要懂得红脸的各种策略，把和稀泥这门技术运用得炉火纯青。

只唱白脸不唱红脸，人家说你没人情味

红白脸管理法在现代职场上应用十分广泛，红脸和白脸为管理的两个方面，共同为一个中心服务。虽然红脸白脸是为一个中心服务的，但是既然互为两个方面，就会对事物起不同的作用。很多时候，白脸是为红脸做辅助的，管理者不能一味唱白脸、铁面无私、冷酷无情，否则下属会觉得你没有人情味，这对一个公司来说是很不好的现象。

李菲是某广告公司设计部的主管，在与下属相处时，她总是板着一副面孔，当下属在工作中出现了错误，她都是毫不留情地指责、批评，认为只有这样才能树立领导威信。

论业绩，李菲的部门是最好的，也是最少犯错的。然而，每当大家坐在一起开会时，李菲的部门是最没有话说的。其他部门的员工都有说有笑，和自己的主管商量着例会结束以后去哪里聚餐等，可李菲的部门没有一个人敢这么跟她说话。大家当着李菲的面也很少彼此说话，都是一言不发地坐着。有好几次，李菲试着主动跟下属亲近，但都没得到回应。

几经努力，李菲仍没改善部门中的紧张气氛，于是只好找自己的领

导孙总求教。孙总笑着对李菲说：“小李呀，你跟了我这么多年，你看我总共对你发过几次脾气，唱过几次白脸？”

李菲开始思考孙总的话，她回想自己跟孙总干工作的这些年，孙总很少对自己的下属发脾气，但大家却很尊重他。此时，李菲才明白，由于自己唱白脸的次数太多，从而使下属认为她是一个缺少人情味的上司，自然就不愿意亲近她。

由于每天要面对太多的人，与形形色色的人打交道，要处理太多不同的问题，一名管理者如果没有一套系统的管理方法，就会感到力不从心。这就要求管理者深谙红白脸的不同作用，并把红白脸应用得淋漓尽致。

在对下属的管理中，做一个有人情味的领导，并不是让你纵容下属的错误，而是该唱白脸时唱白脸，该唱红脸时唱红脸。比如，在与下属相处时，用微笑对待每一个人；再比如，在给下属布置任务时，语气不要过于强硬，像“必须”“马上”等命令性的词要少用；当下属犯错的时候，要善于给对方留面子，不要在众人面前指责下属的错误。

芳芳是某医院的儿科护士。有一天，她给一个一岁半患腹泻的小女孩输液，由于孩子的血管太细，芳芳扎了好几次都没有成功。看着自己的孩子白白挨了几针，站在一旁的孩子的奶奶生气地对芳芳嚷道：“你到底会不会扎针？赶快把你们护士长叫来！”

几分钟之后，护士长来到病房。护士长看了看输液器对芳芳说：“是这个输液器出了问题，赶快重新去取一个过来。”当芳芳把新的输液器拿来后，护士长一下子就顺利地给小女孩扎好了针。随后，护士长批评芳芳说：“给病人输液之前，你也不知道检查一下输液器是否有问题！”站在一旁的病人家属看到护士长批评了芳芳，也不好意思再说什么难听的话了。

等从病房出来之后，护士长把芳芳叫到没人的地方，对芳芳说：“其实，第一个输液器并没有问题，要想把工作做好，一定要练好基本功!”此时，芳芳才彻底明白，原来护士长是为了给自己留面子，才故意在病人面前说输液器出了问题。

从此，芳芳开始苦练基本功。为了使自己的扎针技能有所提升，芳芳把自己当成“病人”，每天在自己的手臂上练习扎针。两年之后，芳芳成为整个医院的骨干护士，同事们给她起了个绰号叫“一针准”。每当芳芳提及自己在业务上的成长过程，她都会对护士长感激不已。

身为管理者，在日常的工作中唱白脸是难免的，但千万不要只唱白脸不唱红脸，让下属认为你是一个缺少人情味的领导。尤其当下属犯错误时，管理者一定要顾及对方的面子和尊严，切不可过分给对方难堪。

总之，管理是一门艺术，作为管理者，要懂得尊重下属，不对下属吆三喝四，多设身处地为下属着想。只有这样，下属才会感觉你是一位充满人情味的好领导。

唱红脸要站在对方立场，理解对方所说的话

有一位母亲，带着4岁的儿子去买圣诞节礼物。当他们走到热闹的商场时，到处播放着喜悦的圣诞赞歌，橱窗里摆放着各种圣诞礼物。母亲一边拉着儿子的小手走路，一边欣赏商场中琳琅满目的商品。

这时，儿子莫名其妙地哭了起来。母亲询问儿子："宝贝怎么了？如果总是哭个没完没了的话，圣诞老人就不会送给你礼物了！"儿子委屈地对母亲说："妈妈，我的鞋带开了！"

当母亲蹲下来为儿子系鞋带时，才突然意识到：以儿子的身高，根本看不到商场中悬挂的节日彩灯，也看不到橱窗内迷人的圣诞礼物。孩子所能看到的，只有大人们粗壮的双腿和大如船的鞋子。

这位母亲第一次以孩子的高度来眺望这个世界，而且这种场景让她震惊不已。于是，她立马把儿子高高抱起。当儿子看到商场中丰富多彩的商品后，开始兴奋地欢呼起来。

此后，这位母亲再也不把自认为快乐的事强加给儿子了，而是凡事站在孩子的立场来考虑问题。在现实生活中，每个人都应学会站在他人

的立场上看问题。一个人只有学会换位思考，做到将心比心，才能真正明白他人的所思所想，并理解对方所说的话。

在人际交往过程中，理解是促进感情和谐的一个重要因素。能够设身处地为对方着想，理解对方的心情，了解对方的难处，有助于加深彼此的感情，促进双方的交流。

一次，卡耐基在电台介绍《小妇人》一书，在介绍作者时，他不小心把作者生活的城市说错了。当时的节目是直播，但卡耐基并没有立即意识到自己的错误。随后，卡耐基受到了众多听众的质问、指责和辱骂。其中，有一位老太太写信指责卡耐基，她的言辞非常激烈，甚至把卡耐基骂得一无是处、体无完肤。

卡耐基当时就想写信回击，但他忍住了。之后，卡耐基试着站在对方立场上思考问题，并主动给这位老太太打电话承认自己的错误。

当那位老太太听到卡耐基的道歉后，很不好意思地说："应该道歉的人是我，就算你犯了错，我也不应该在信中辱骂你，对你发脾气。"

在处理这件事上，卡耐基的主动道歉不但消除了听众的愤怒，而且使听众更加敬佩他。可以说，这就是相互理解的结果。在现实生活中，无论你是一个家庭主妇，还是一名领导或下属，都希望被他人理解。所以，在与他人相处过程中，如果你的行为、观点是对的，要学会以温和的方式让对方认同你；如果你的行为、观点是错的，就要主动向对方承认错误，并心平气和地接受对方对你的批评。

有段时间，丽娟家的麻烦事比较多，她不仅每天要接送孩子上学，还要照顾生病住院的母亲，所以在工作上有些分心。一次，丽娟不小心做错了表单，客户看了以后很生气，导致公司面临丢掉这个大客户的风险。

丽娟的领导知道这件事后，很是恼火，于是批评丽娟说："以后工作要多用心，不要总是马马虎虎、敷衍了事！”谁知这一句话却触怒了丽娟，她不但没有向领导承认错误，而且还向领导大发雷霆，宣泄自己的烦恼，甚至说了一些辱骂领导的话。

在发完脾气之后，丽娟才意识到自己得罪了领导。但为时已晚，她只好等着被公司解雇。然而，出乎意料的是，领导并没有把丽娟的话放在心上，而是用温和的口吻询问：“发泄完了吗？”然后，转身给丽娟倒了杯水，说：“喝口水放松放松。我不知道你家里最近遇到这么多烦心事，没有给予你足够的关心，这是我作为领导的失职。你先休息半个月，一方面好好照顾你生病的母亲，另一方面也调节一下自己的情绪。”

在丽娟休息期间，领导不但没有扣她的薪水，还亲自去医院探望了她的母亲。两周之后，丽娟把家里的琐事处理完毕。从此之后，丽娟比原来更加卖力工作了，而且很少再出现错误。

丽娟的领导很是高明，在被丽娟莫名其妙地闹了一通以后，不但没有辞退她，反而能够站在对方的立场上想问题，并主动给她放假照顾妈妈。这样的领导怎么能不让员工折服呢？所以说，管理者要想管好一个团队，最有力的武器不是“刀子”，而是“温柔”。在红脸和白脸两个角色中，白脸就是“刀子”，锋利而激烈，红脸就是“温柔”，从感情上下手。如果一个人在感情上归附于你，那么“刀子”就是多余的了。

作为管理者，不要总是一副铁面无私的样子，而要学会用理解和关心这种“温柔的武器”对待下属，让下属意识到你是一个充满人情味的好上司。如果你做到这些，下属必定会更加敬重你。

红脸减压法——下属压力大，你有好办法

在一个单位中，领导既是整个团队的管理者，往往又是压力的施发者。管理者在对下属进行管理的过程中，采用不同的管理方法，会对下属的心理产生不同的作用。

拿红白脸管理策略来说，管理者如果经常唱白脸，一味严肃，就会加重下属的心理负担，从而给对方带来心理压力。这种压力一旦超出下属的心理承受能力，就会使其丧失斗志和激情，从而对工作造成消极影响。

刘海铭是某外贸公司的总经理，他一贯以严肃的形象示人，说话做事从不给对方留情面，所以公司里的员工都怕他，对于他的一举一动都保持着高度的警惕。但公司里的副总张辉刚好和刘总的管理风格相反，他给下属的感觉就是一个和蔼和亲的大哥哥，是从来不批评下属的“老好人”。

几个月前，公司接了一个战略合作客户的大订单，上下都很重视。在这个项目开始之前，刘总召集全体员工开会，并在会上警告大家说：“这次任务不允许出现丝毫差错，如果哪个部门出了问题，所有责任自

负！”员工们知道，既然刘总这么说，那后果肯定就是不小的。在安排好工作计划、流程之后，各部门开始展开工作。

由于大家知道这次工作十分重要，所以每个人都表现得谨小慎微、畏畏缩缩。看到这一场面，副总张辉立马出来为大家壮胆。他先是到各个部门转了一圈，大概询问了各个部门的工作进度。在了解完情况以后，张辉大手一挥说：“今儿不加班了，晚上我带大家吃饭、K歌去！”

在饭局上，张辉对大家说：“这次的单子对公司来说确实很重要，所以刘总比往常严厉也是自然的。但是，大家也不要太有压力，工作该怎么做就怎么做。今天呢，大家就尽情地放松一下，明天再好好战斗！”

经过副总张辉对员工的鼓励打气，士气果真提高不少，当然这次任务也超标准完成了。

在这个案例中，总经理刘海铭与副总经理张辉的角色定位就非常明确，总经理刘海铭负责唱白脸，他的主要工作是用严肃的态度给员工施压，并使这种压力转化成员工工作的动力。而副总张辉则负责唱红脸，用红脸的温和给员工减压，使员工能够轻松地开展工作，从而最大程度激发员工内在的士气和潜能。

可以说，这种红脸减压法值得我们重视和学习。在日常工作中，如果管理者对下属过度施加压力，会使员工对工作丧失激情，更谈不上在工作中获得归属感。这个时候，领导必须给员工减压，但是又不能否认白脸的威信——如果管理者不给员工施压，就会使其在工作中敷衍了事、毫不用心。最好的策略就是采取红脸减压法，通过配合一方唱红脸，让员工内心感到一股暖流，并从中获得激励和感召。因此，管理者一定要了解员工所面临的压力，并给予员工减压放松的机会。在这里向大家介绍一下管理者为员工减压的几种方法：

第一，工作任务分段法。如果管理者给员工制定的目标过高、过大，往往会令对方望而生畏，甚至因为担心完不成任务而丧失工作激情。所以，管理者在为员工制定任务时，要懂得把一个大目标分解成若干个小目标。每当员工完成一个小目标，要及时给予员工精神上的鼓励和物质上的奖励，使对方能够以更大的激情来完成下一个目标。

第二，培养员工的抗压能力。由于每个人的抗压能力不同，当面对相同的压力时，各自的感受也不尽相同。所以说，要想使下属更好地应对工作压力，管理者的首要任务就是培养员工的抗压能力。比如，通过训练下属的主观幸福感能力、客观态度能力、认知调整能力、幽默感等方法，来提升下属的抗压能力。

第三，在组织内部设立咨询机构。心理学家通过实验证明，倾诉是一个人舒缓内心压力最有效的方法之一。但是在如今社会，每个人都在为生活、工作忙碌，想找一个愿意倾听自己说话的人确实不易。别说是亲朋好友之间，就是家人之间真正交流的时间也非常少。所以，一个企业要想真正为员工减压，就应该在内部设立一个专业心理咨询机构，当员工感觉自己内心压力大的时候，可以通过专业人士的帮助来减压松绑。

最后，需要强调的一点是，不同的员工在面对外来压力时，做出的反应也大不相同。比如，有些员工只有在高压的情况下，才能够更好地进入工作状态。对于这一类员工，管理者可以适当地增加一些压力，让他们在压力中爆发出更大的潜能。有些员工对自我情绪的调节能力比较弱，一旦遇到压力，就开始惊慌失措，甚至对自己的能力产生深度怀疑。对于这一类员工，管理者则不要给予他们过大的压力，而是为他们创造一种轻松、愉悦的工作环境，让他们在愉快的情绪中更加奋力工作。

在恰当的时候，毫不吝惜地给出夸奖和物质奖励

红白脸虽然唱法不同，但从大众接受度来看，红脸更加受欢迎。

为什么人们更喜欢红脸？这是因为红脸更亲民、随和，而且喜欢说一些赞美和鼓励的话，有时候还经常给予物质奖励。这种做法肯定比被白脸骂个狗血淋头要好得多。

英国有位科学家曾经做过这样一个实验：他召集50名来自不同城市、从事不同职业的人，并把这些人分成A、B两组。在实验过程中，他对A组的人采取褒扬的态度，对他们的表现给予适当的赞美和肯定；而对B组的人，则采取批评、训斥、挖苦的态度。通过一段时间的跟踪调查，研究者发现，A组的工作效率普遍比B组高出百分之五十以上。

从这个实验不难看出，任何人心底都是渴望得到他人赞美和肯定的。当一个人被赞扬时，他就会以更加积极的态度去工作；当一个人被批评、训斥后，其内心往往会产生一种消极情绪，工作的积极性也会受到严重影响。

一个叫张爽的女孩，在一家外企工作。张爽大学毕业后就进入了现

在的公司，她的很多同学都频频跳槽，只有张爽在公司一待就是8年。在同学、朋友中间，张爽的待遇不是最好，工作时间也不是最短，有别的公司想挖她，但她宁肯拿着不多的工资、做很多的活儿也不跳槽。其原因何在？原来一切都根源于她所在部门的经理。

张爽的部门经理40多岁，是一名很干练的睿智女性。在张爽进公司的第一个星期发生了一件事，也正是这件事让她下了决不跳槽的决心。

当时，张爽刚进公司，对很多事情还在摸索学习阶段，再加上自己大学时所学的专业和工作不太对口，所以做起工作就比较吃力。进入公司一周后，张爽不小心弄丢了一份重要的客户资料，而且这份资料第二天领导开会时就需要。

发现文件弄丢后，张爽去找部门经理，并跟她说明了情况，同时也做好了被辞退的准备。出乎意料的是，部门经理在问明情况以后，温和地对张爽说："今天晚上你跟我一起加个班，把丢了的资料重新做一份出来。你看好吗？"

到了晚上加班的时候，张爽胆战心惊，她小心翼翼地配合着部门经理，准备着各种资料。熬了半夜，她们终于把资料赶了出来。然后，部门经理带着张爽去吃夜宵。在聊天的时候，部门经理对张爽说："你一定很奇怪自己犯了那么大的错误而我却没有辞退你吧？你刚来公司，对很多工作不熟悉，犯错可以理解，我刚来公司的时候也是这样。不过，还有另一个更重要的原因是，我这几天一直在观察你，发现你工作很认真，什么事儿都想做到完美。所以，我相信你一定能成为咱们部门最优秀的！"

第二天，在客户见面会上，张爽表现得很好，并顺利和这个客户签订了合作协议。更让张爽想不到的是，一个月之后，张爽被提升为部门经理助理，而且还发给她数额不小的奖金。

对于部门主管的夸奖和奖励，张爽很是感动，她没想到自己工作出错以后，不仅没有被批评，还得到了认可。从此以后，张爽就决定一直在这家公司做下去了。

我们不难看出，张爽的部门经理是一个用人高手，她懂得怎样利用赞美和奖赏最大限度地调动员工的积极性。关于赞美，马克·吐温说："一句美妙的赞语，可以使我多活两个月。"林肯也说："当人们被奉承、赞美的时候，就能忍受好多事情。"

由此可见，每个人生来就有做重要人物的愿望，并且希望得到他人的赞美。所以，作为一名优秀的管理者，千万不要吝啬你对下属的赞美和夸奖。不过管理者仅仅认识到赞美的重要性还不够，更需要掌握一些夸赞下属的技巧，从而使自己的夸奖与表扬恰到好处。

第一，夸奖要具体、真实。很多管理者夸奖下属只是为了满足对方的虚荣心，所以总是说一些不着边际的好听话。比如，有些管理者在表扬下属时，总会说："某某表现得不错，值得大家学习！"究竟好在哪里，却说不出个所以然。其实，这种言不由衷的表扬，不但不能激发下属的积极性，反而让下属感觉你是一个虚伪的人，从而对你说的话半信半疑，对你失去应有的信任和尊重。

美国社会心理学家海伦·H·克林纳德认为，在表扬一个人时，你的用语越具体、真实，效果也就越好。这是因为，你对下属的表扬越具体，说明你对他越了解，而且说明你的表扬是真诚的，而不是虚情假意的。比如，当你表扬下属的字写得漂亮时，说一句"你写的字真漂亮"要远比"你真棒"这句话更有效果。

第二，赞赏一定要发自真心。在现实生活中，我们都喜欢真诚的人，而讨厌虚假的人，其实表扬也是如此。领导者只有发自真心地表扬下属，才能够增强下属对你的信任，从而激发下属对工作的激情和干劲。

作为一名管理者，要想发自内心地表扬、夸奖下属，就要多关心下属，并清楚他的优缺点，千万不要在对方不擅长的地方表扬。比如，对方明明是一个不善言谈的人，你却言不由衷地夸奖他说："你的口才真棒！"这样一来，不但不能达到表扬的效果，反而让对方感觉你在讽刺他，从而对你怀恨在心。

第三，表扬的人数要适中，要求不宜太高。管理者在表扬下属时，人数既不能太多，也不能太少。如果表扬的人数过少，容易让被表扬者产生一种脱离群众、被孤立的感觉；如果表扬的人数过多，下属难以体会“被表扬”的珍贵性，从而失去应有的激励作用。

另外，管理者对下属的要求标准不宜太高或太低。如果受表扬的标准太高，下属会感觉被表扬是一种高不可攀的事情，从而望而生畏，不再积极争取；如果受表扬的标准太低，下属又会感觉被表扬是一种易如反掌的事情，同样会失去积极争取的意愿。

这才是高情商——唱红脸要懂给对方戴一顶高帽子

朱元璋在没有当皇帝之前，曾经在般若寺的墙壁上题过一首诗。等朱元璋做皇帝之后，命令太监去般若寺查看自己的昔日旧作。太监回宫后，禀告朱元璋说那首诗已经被般若寺的和尚抹去了。

朱元璋听后大怒，立马派人去寺院捉拿那个和尚。当和尚见到朱元璋后，他解释说："御笔题诗不敢留，留时常恐鬼神愁。故将法水轻轻洗，犹有龙光射斗牛。"朱元璋听后大喜，立马将和尚赦免。

可以说，这个故事中的和尚深谙处世之道，对人的心理有一番了解，所以，在生死关头，他给朱元璋戴了一顶高帽子，从而让朱元璋龙颜大悦、消除了杀心。那么，究竟什么是"高帽子"？其实，高帽子就是好听的话、夸赞对方的话。任何人都喜欢听好听的话，对夸赞自己的话更是百听不厌。比如我邻居家有一个小女孩，她就特别会哄她的奶奶。她奶奶60多岁了，小女孩经常对她奶奶说："奶奶，你一点都不像60多岁的，很精神，多年轻啊！"奶奶明知道是孙女在哄自己，但还是很开心，对孙女的要求也是有求必应。

有些人不喜欢给别人戴高帽子，觉得这是小人的做法，被认为是阿谀逢迎、巴结献媚，为了达到自己的目的不择手段。但是，细想来，给对方戴高帽是一种很有效的方法，对方会因为被戴了高帽而高兴，从而使双方受益。从本质上说，这是一种高情商的表现。只需要几句好话，就可以达到利己利人的双赢目的，我们又何乐而不为呢?

在这个世界上，恐怕没有人不喜欢戴“高帽子”，包括老师、家长、领导、下属、朋友。所以，作为一名管理者，在与下属相处时，如果能够恰到好处地给对方戴一顶高帽子，不仅可以增进彼此的感情，而且能够使下属更卖力地工作。

有一个造纸厂的经理，他发现自己的产品中含有太多的水分，想了好久都没有找到解决办法。后来，他给车间里的每一个员工都发了产品样品和一个表格，让他们每天都对产品进行分析，然后记录下来。以前，车间的工人们都是按照上级的指示工作的，他们从来没有想过自己有一天能够参与到产品的研发和改进中来，于是个个兴致高涨、无比重视。最后，大家集思广益，很快就找到了解决问题的办法。

在这件事情上，这个经理给自己公司的员工们戴了一顶隐形的高帽子，他用行动来告诉工人们，其实他们也很重要。研究表明，当人们觉得自己在某一件事中担任重要角色时，会激发出以前没有过的责任感和智慧，从而更好地解决问题。

高帽子也可以称为是一种“公众期待”。每个人都有维护自己形象的本能，戴高帽子就是加之于对方一个“公众期待”，他出于维护自己形象的本能，就会自觉不自觉地使自己的行为朝着你所赋予的“公众期待”靠拢。

吉米是一家印刷厂的老板，在他的工厂内，有一名专门维修机器的技师。这位技师天生爱抱怨，每天不是抱怨自己工作的时间长，就是抱怨自己的薪水低。为了改掉这位技师爱抱怨的毛病，吉米想了很久，终于想到了一个办法。

吉米并没有给这位技师加薪水，也没有给他增加助手，只是专门为这位技师设立了一间4人办公室，然后在办公室的门上增加了一个醒目的职位名称：维修部经理。

从此之后，那位爱抱怨的技师再也不抱怨了。因为他认为自己不再是一个小小的维修工，而是一位部门经理，工作起来自然比以前更卖力了。

从行为心理学角度来分析，戴高帽就是一种红脸的管理策略。每个人都需要他人的赞美，每个人都喜欢“戴高帽”，但是“戴高帽”是一门艺术，戴得适度，事半功倍。所以，作为一名管理者，如果你希望下属朝着你期望的方向行事，就请给他戴一顶漂亮的“高帽子”吧！

有时红脸不一定要唱出来——用行动制造感动

凡是看过传统戏曲的人们都知道，红脸、白脸来自传统戏曲，而且是唱出来的。所谓“唱”是指通过面部表情和语言表现出来。唱红脸和唱白脸的戏曲演员的唱词、语调都会有所不同，白脸一上台首先传达出一种冷酷无情或奸邪的气氛，而红脸则往往是正气凛然、亲和圆润。在具体运用中，红白脸不一定非要唱出来，也可以用行动表现出来。说到用行动感动下属，三顾茅庐不愧是一个经典的例子。

东汉末年，刘备听说诸葛亮才高八斗、学富五车，很有谋略，就想请他出山协助自己。于是刘备带领关羽、张飞一起去请诸葛亮出山。当到达诸葛亮居所后，却被告知诸葛亮出门了，三个人只好无功返回。

过了没多久，刘备第二次带着关羽和张飞去拜访诸葛亮，可是这次诸葛亮依然不在家。刘备给诸葛亮留下了一封信，信中表达了自己对诸葛亮的敬佩之情，希望他能协助自己一起打拼奋斗。

又过了几天，刘备见没有音讯，于是第三次去请诸葛亮。这次诸葛亮倒是在家，不过他在睡午觉，刘备不敢惊动，一直等到诸葛亮睡醒之后，才开始谈话。诸葛亮被刘备诚恳的行为所打动，决定出山帮助刘备。

在三顾茅庐中，刘备用诚意打动了诸葛亮，其实这是唱红脸的一种方法。刘备选择用行动来表达自己希望诸葛亮出山的决心，这比口头表达更有效。如果刘备只是说要给诸葛亮什么官位，给多少金钱，想必诸葛亮是不会轻易出山帮他的。

好的方法总是古今通用，在现代管理学中，这种用行动感动下属的方法同样适用。一个企业的成功与否，关键在于员工们是否对公司具有一定的责任感和归属感。当然，这种归属感和责任感并不是一进公司就有的，而是需要逐渐培养的。在这个过程中，企业的领导及管理层务必担负培养下属责任感和归属感的重任。俗话说："管理先管人，管人先管心。"作为管理者，只要管住了下属的心，公司的凝聚力自然就增强了。那么，管理者如何做才能管住下属的心呢？这时，红脸策略就派上用场了。

蒋涛是某公司的销售部主任，他对下属的管理有自己的一套方法，尤其善用行动感动对方。蒋涛认为，每个员工都具有一定的自觉性，一味地批评下属反而起不到太大的作用。所以，每当员工在工作中取得新的成就时，他总是及时给予表扬与奖励。当下属在工作中遇到困难时，他也总是尽最大的努力来帮助下属。

有一次，蒋涛了解到下属王辉的母亲来京探望，平时王辉住的是集体宿舍，母亲一来，自然要在外面租房，再加上其他开支，肯定花费不少钱。知道这件事后，蒋涛主动给王辉5000元钱，然后对他说："这是我提前给你的业务提成，不要因别的问题影响了工作。"

蒋涛认为，勤于行动胜于勤说。有时候说一千句，不如迈出一步。所以，蒋涛在帮助下属的时候，并没有过多地花言巧语，而是直入主题地帮下属解决问题。虽然蒋涛的话不多，但王辉心里肯定清楚领导对自己的照顾。

某一个企业的职工都是清一色的男士，而且大部分职工都是没有组建家庭的单身汉。这些职工把工作做得红红火火，单位的业绩也蒸蒸日上。只不过由于他们把所有的精力都用在了工作上，所以很多人的感情、婚姻问题都迟迟未能解决。

单位的领导把这件事看在眼里放在心上，于是经常组织一些与其他单位的联谊活动，希望职工能够通过这种方式解决自我感情上的问题。

从上面的案例中，我们发现，作为一名管理者，要想感动下属，就一定要想下属所想、急下属所急，为他们解决实实在在的困难。只有这样，下属才会对你充满感激之情，从而以更好的工作来回报你。

在对下属的管理上，管理者对下属一次语言上的赞美，只会让下属感动一阵子；然而，管理者对下属一次行动上的奖励或者帮助，却能够使下属铭记心中，甚至感动一辈子。所以说，管理者在对下属唱红脸时，不要只限于口头上的表达，而要多用行动来感动对方。

转移注意力，让对方忘掉不愉快

在人际交往中，人与人之间难免会出现摩擦或不愉快。有时候，这些摩擦或不愉快无伤大雅，但对某些特定的场合来说，一点点的小摩擦或者不愉快，往往会造成严重的后果。这个时候，就要善于转移对方的注意力，从而使他忘掉刚才的不愉快。

换一个环境，转移对方的注意力，是化解尴尬和危机最有效的方法。一旦人的注意力转移了，就会放松警惕，然后就能从中找到机会，解决危机。三国时期，刘备就曾用转移对方注意力的方法救了自己一命。

曹操和刘备一起喝酒，曹操对刘备说：“如今这天下的英雄就只有你我两人。”刘备一听，大吃一惊，心想曹操肯定是对自己起了杀心啊，一时愣住，不小心把筷子掉到地上。当时外面正在下雨，正巧打了一声响雷。刘备俯身捡起筷子说：“我被这雷声给吓着了。”曹操笑道：“英雄也怕打雷吗？”刘备回答：“即便是圣人听到打雷的声音，也要变脸，更何况我一个凡人呢？”此时，正是因为刘备巧妙地转移了话题，才消除了曹操对自己的疑心。曹操心想，一个害怕雷声的人怎么可能是英雄？这样的人又如何是自己的对手？从此他对刘备掉以轻心，让刘备逃出生天，并最终成就了一番霸业。后来，曹操因为这件事把肠子都悔青了。

其实，刘备早就知道曹操想除掉自己，所谓的青梅煮酒论英雄只是一个试探的幌子，如果自己不恰当地转移话题，也许在下一秒钟，他面临的将是一场杀身之祸。

注意力转移，作为心理干预方法中的一种，在日常生活中经常运用，尤其在教育儿童时，这种方法运用得更为普遍。很多人应该对这样一种场景非常熟悉：一个三四岁的孩子不小心摔倒了，于是开始趴在地上哇哇大哭。这时，如果一旁的家长对孩子的哭表现得过于紧张，孩子的哭声就会越来越大，甚至在孩子心中留下阴影。从心理学的角度来分析，当孩子摔倒后，其实孩子的身体并没有受到太大的伤害，而家长过度紧张的情绪和语调，反而给孩子一种事态很严重的“心理暗示”，从而促使孩子内心的恐惧感加重，导致孩子心理受伤。

这种“注意力转移法”除了可以运用在孩子的教育上，在管理学中的运用也比较广泛。在管理工作中，当员工与员工之间或员工与上级主管之间发生了某种矛盾，身为一名管理者，一定要懂得运用“注意力转移法”来缓解彼此之间的矛盾。

比如，一些企业老板为了营造出更具亲和力的工作环境，通常会将那些涉及员工切身利益的问题，通过“第三方”（比如中层管理者）来实施。这样一来，原本属于企业主与员工之间的矛盾就转化为员工与第三方之间的矛盾。当第三方未能圆满解决问题时，企业主再从中调解。这样一来，既维护了企业的利益，又避免了企业主与员工之间尖锐的矛盾冲突。

《孙子兵法》说：“兵者，诡道也。”这句话的意思是说，用兵之道在于千变万化、诡计多端，一个人要想在战争中获胜，就一定要善于运用各种迷惑、欺骗对方的战术。作为一名管理者，也如同战场上的指挥官，不仅要懂得谋略，而且要熟悉各种战术，善于在多变的阵营中“摆兵布阵”。

一名优秀的管理者，不仅是员工行为的督导者，更应该是一位对员工心理了如指掌的心理专家。只有这样，你才能利用心理战术，巧妙转移他们的注意力，从而让对方忘记不高兴的事情，记住那些令人心情愉悦的好事，从而最大限度地调动下属的工作积极性。

不要说让对方失望的话

说话是一件最容易也最困难的事情。说它容易，因为3岁的娃娃都能够说话；说它困难，因为连那些最擅长表达的外交官也有说错话的时候。

“一言可以兴邦，一言可以丧邦。”这句话告诉我们，语言是人和人交流的工具，承载着人的感情沟通，也充当着人们信息交流的媒介。说什么话，怎么说话，体现着一个人的智慧。作为一名管理者，一定要清楚哪些话能够对下属说，哪些话不能对下属说。比如，那些令下属失望的话，作为管理者是千万不能说的。

有一家公司，自成立以来一直发展得很好。但最近两年由于经济不景气，公司的效益比往年减少了很多。董事长十分着急，因为马上到年底了，又到了发年终奖金的时候。按照公司的惯例，年终奖最少加发两个月工资，好的时候甚至可能加倍。今年算来算去最多也就够发一个月工资的。这样一来，公司员工的工作积极性就要降低了。这就像给孩子糖吃，以前都是每次给一大把，现在只给一两颗，那么孩子一定会不高兴的。

董事长思前想后，终于想到了解决问题的办法。两天之后，董事长放出话来："因为经济危机，导致公司盈利大幅度减少，所以要裁员。"消息一出，整个公司都人心惶惶，大家都在担心自己会不会被裁掉，完全忘记了年终奖金的事儿。

后来，董事长又宣布："大家都是公司的一员，裁掉谁都舍不得。虽然公司现在很艰难，但是相信大家都会和公司共渡难关，所以不会裁掉任何人，只是年终奖金没有了。"

大家一听说不裁员了，都高兴得不行，哪还有人去考虑有没有年终奖这件事情？到了年底，大家也都接受了没有年终奖的事实。但是就在马上放假的时候，董事长又召集各部门主管开会。大家都在猜测有什么事。没想到的是，主管们开完会，兴高采烈地对员工们说："董事长想了想，还是给大家发年终奖金，发一个月的，整整一个月的呢！而且一会儿就发到大家手上！"整个公司都沉浸在兴奋的欢呼声中。

我们不得不说，这位董事长是一位说话高明的领导。一般来说，公司要减少员工的奖金，大都会遭到员工的反对和不满。而他通过巧妙的说话艺术，把这件事情公布出去，不但没有降低员工的积极性，反而获得了员工更大的支持和信赖。原因就在于，他没有说让员工失望的话，也没有用裁员的方式来威胁员工，而是先把最糟糕的情况告诉员工，让他们有一个心理准备，并从心理上接受自己有可能被裁员的现实。然后，他再用不裁员的消息来安抚员工，使大家心中具有一定的安全感。在最后的时候，他再出其不意，用发放一个月工资作为年终奖的消息给大家制造一个意外的"大惊喜"。

可以说，这位董事长的做法不仅调动了员工工作的积极性，而且使员工们对自己更忠心，认为他是一个值得跟随的好领导。作为一名管理者，每天都要与下属沟通、交流，然而很多管理者常常会在无意中说出一些令下属伤心、失望的话。为了避免管理者在语言上对下属造成伤害，我总结出数条管理者与下属高效沟通的秘籍。

第一，管理者要多用陈述句，避免用反问句。比如，“我不是告诉过你吗？”可以说这是管理者使用频率最高的一句话，表现出对下属的责问和不耐烦。如果管理者想心平气和地与下属沟通并解决问题，就要学会多用陈述句，少用反问句。

第二，管理者要多说鼓励的话，少说批评的话。当你向下属分配了任务，下属没有保质保量地完成，怎么办？这个时候，作为管理者，就算你再恼火，也不要指责下属说：“这么简单的事情，你都做不好，太令我失望了！”而应该鼓励对方说：“我相信你一定尽力了，希望下次你能够做得更好！”下一次他一定不会让你失望。

第三，管理者要学会说感谢下属的话。比如，当下属提醒或者告诉你一件你已经知道的事情时，要感谢下属对你善意的提醒，千万不要冷冰冰地说：“我早就知道了！”

第四，管理者对下属可以询问，但一定不要质问。所谓“询问”，其目的是征求对方意见，或者向对方打探消息，通常情况下，是为了搜集资料、澄清事实。比如，当管理者因为某件事情向下属征求意见时，会说：“你认为这个方案怎么样呀？”一般是一种平和、商量的口吻，而最好不要说：“限你在下午5点之前写一份1500字的意见报告，你保证能完成任务吗？”可以说这是两种完全不同的管理风格，最后达到的效果也会迥然不同。

所谓“质问”，就是一种带有指责性质的提问，也就是说，质问方已经把问题的责任放在了被质问方的身上，并对被质问方充满了不满情绪。比如，当下属做错了事情，领导者会板着面孔，大声地吼道：“你怎么能够有如此行为？是不是脑子里进水啦？”相信不管是谁听到这样的话，心理上都会相当难受。

第五，不要在公众场合批评下属或当面指出对方观点的错误。比如，大家在一起讨论问题时，当下属发表了自己的意见，作为领导一定不要评价其观点的对与错，而应该说：“谢谢某某与大家一起分享，我也谈谈我个人的理解与看法。”无论对错，作为领导首先要做到的一点就是包容、搁置争议，然后再去粗取精、兼收并蓄。

给对方留足面子

中国人好面子，凡事讲究给对方面子，也给自己面子。林语堂曾经说："在中国人看来，不给面子就是最大的无礼。"关于这一现象，有些人说中国人好面子是不好的现象，是国民的劣根性。不过，从另一个角度来说，面子等同于一个人的自尊心，一个人之所以好面子，是因为想得到他人的尊重。所以，在与人交往过程中，我们只有善于给别人面子，才能够给自己挣足面子。

北宋名将韩琦是一个懂得给他人面子的人。有一次，一个文人当众递交给韩琦一封文书。然而，韩琦发现文书中有错别字。按照当时社会的习惯，读书人写文书是不允许出现错别字的，不然就会被众人耻笑。此时，韩琦并没有直接指出文人的错误，而是故意用长袖遮住了文书，迅速签了字，然后又交还给了文人。

等文人从韩琦那里出来以后，打开文书来看，发现了自己文书上的错字，不禁吓得腿软。这时，他想起刚才韩琦用长袖遮住文书的场景，原来韩琦是在为自己遮丑，给自己留面子啊。正因为这件事，这位文人对韩琦感激万分。

如果把这个例子放到现在来看，韩琦绝对是优秀的企业管理者，而那个文人就是韩琦手下的员工。对于管理者来说，照顾员工的面子，对管理整个企业是很有帮助的。同样的道理，如果在公司团队里有一个说话做事不给别人面子的人，也将会影响整个团队的和谐。

王云是某公司销售部的经理，她工作努力、踏实、肯干，唯一的缺点就是性格太耿直，总是有什么就说什么，从来不顾及别人的感受，更不懂得给别人留面子。

有一次，公司开年会，每个部门都要对自己一年的工作进行总结。王云让自己的下属张萍写一份工作总结。当张萍把写好的总结交给王云后，王云没有说一句感谢的话，反而劈头就对张萍指责："你的文学修养可不好呀，一个简单的工作汇报都写不通顺！"张萍有些不好意思地说："哦，还真是，这句话有点不太通顺，当时准备资料的时候没有注意。"

谁知王云又当着众人的面对张萍大声嚷道："你怎么如此没脑子？怎么能犯如此低级的错误……"这时，张萍也恼怒了，开始与王云争论："写工作报告，本来就是你做经理分内的事情。我帮你做了事情，你不但不感激，反而对我指手画脚，侮辱我的人格……"

因为这件小事，两人闹到了总经理办公室。总经理批评王云说："作为一名领导，对下属说话一定要注意分寸、分清场合，更应该懂得给对方留面子。不要当众去揭穿别人的错误，让对方下不来台。如果发现下属工作中出现了问题，可以私下解决。"随后，总经理又道："你再看看，你的下属有十几个，跟你关系相处好的有几个？当然，这并不是因为你人不好，而是因为你不懂得给别人留面子。"

听了王总的一番话之后，王云才发现自己竟然得罪了如此多的下属，而且这所有的问题都是因为自己不懂得给对方留面子。

其实，像王云这样的人不在少数，说话直言快语，完全不顾及他人的面子。她不知道，有时候语言也会是一把锋利的剑，会狠狠地刺伤他人。

中国人天生爱面子，甚至很多人因为面子的事情，小则翻脸，大则闹出人命。比如，很多管理者总是自以为是，一逮住机会就对下属大加批评，让对方下不了台。这种行为不但不能增强自己在下属心目中的威信，反而为自己埋下了祸根。所以，那些精通人情世故的管理者，他们绝不会在公众场合批评自己的下属，就算下属真正犯了错误，也只是私下里批评他，从而维护对方的尊严和面子。

作为一名管理者，如果善于给下属面子．不但能够激励下属更卖力地工作，而且还会增强自己的领导力，从而使下属更加敬畏自己。

那么，管理者应该如何给足下属面子呢？不妨从以下几点着手：

第一，在放权的同时给下属面子。据领导学专家研究发现，如果管理者能够充分地把职、权、责下放到下属手中，尤其是在关键时刻重用下属，会使其心中产生一种被信任、被重视的成就感和满足感，从而激发出对工作的热情。另外，管理者把担子交给下属，不仅增强了他的责任感，而且提高了他的工作能力。

当然，这里需要强调的是，管理者重用下属时，一定要加强对下属的培养，同时还要对下属有足够多的了解，清楚下属有哪些特长和不足。

第二，在适时的推介中给下属面子。俗话说，不想当将军的士兵不是好士兵。也就是说，绝大部分的下属都具有极强的上进心，希望自己的优点、特长能够被领导发现，能受到领导的重用。这时，英明的管理者会在公众场合，尤其在重要人物在场时，适时地表扬下属的优点，并对他的特长进行推介、宣传，使下属明白你为他挣足了面子，一方面感到自己的重要和荣耀，另一方面对领导的欣赏感恩戴德。

一个管理者要想适时地推介下属，其前提是要善于发现下属的优点和长处，另一方面，领导者不要有私心，不要担心下属的光辉会遮盖你的光芒。我们常说“强将手下无弱兵”，既然你的下属如此优秀，这充分证明了你是一个善于带兵的领导。所以，管理者适时地推介自己的下属，不但不会影响你的领导地位，反而会增强你的领导力。

第三，在尊重、关怀过程中给下属面子。我们常说，树要皮、人要脸。也就是说，每个人都希望被他人尊重以及在他人面前挣足面子。尤其是作为一名领导，要想让下属给你卖力地工作，就一定要尊重下属、让下属感觉到你处处在维护他的面子。

比如，在日常工作中，要多说下属的优点，少说下属的缺点。尤其在下属的下属面前，即使你的下属做错了事，也不要当面批评，而是当下属的下属离开后，再私下里批评他。此外，当下属受到众人误解时，作为领导者，你要敢于替下属说话，并主动帮助下属澄清事实，还他一个清白之身；当下属遇到难以解围的尴尬情况时，作为领导要善于打圆场，及时为下属寻找一个脱身的台阶。

第四章

一白一红，阴阳之道

红白脸配合不露痕迹才是真功夫

*

《易经·系辞传》：“一阴一阳之谓道。”正因阴阳的互动才衍生了复杂的世界，红白脸同样暗合阴阳之道，正因红白脸的互动配合才适应日趋复杂的社会和人心。阴阳和谐才有完美世界，红白脸不露痕迹的配合才是高超情商。只要你能玩转红白脸情商技巧，无论面对企事业单位的管理工作，还是迎接沟通、谈判、说服的挑战，你都能做到游刃有余。

唱红白脸，中间要有一个时间差

红白脸相互配合的管理方法，从古至今都是很普遍的。大家都知道，红脸大都是脾气好、比较亲和的一方；白脸则是冷酷严肃凶狠、比较严厉的一方。不管是唱白脸还是唱红脸，从本质上来说其实都不难，难就难在红脸和白脸的配合上。

红脸和白脸在具体运用时往往是交替进行的，就像阴阳太极图中所描绘的那样，黑白两条鱼的对接融合是那样自然圆融，其阴阳转化是在不知不觉间进行的，不留痕迹，毫不刻意。红脸和白脸的转化也应该如行云流水般畅通连贯。我们都知道红脸唱完白脸上，或者白脸打完红脸哄，但是红脸和白脸转换的时机很重要。不管是白脸唱完唱红脸，还是红脸唱完唱白脸，转换的时候要有一个时间差，会不会利用时间差体现出管理水平的高低。

所谓“时间差”，是指两种不同的态度或者不同形势交替出现时，要有一定的时间间隔，其目的是给对方留一个消化接受前一种态度的时间，从而使他更好地接受下一种态度。一般来说，在商务谈判中，红白脸交替登场是最常见的谈判技巧。在谈判过程中，白脸态度强硬，不给对方任何商量的余地；而红脸态度温和，负责谈判的收场，并最终达成合作协议。在这里，我们不妨举一个具体的例子。

陈明经营着一家皮具厂，在省内小有名气。为了扩大皮具厂的经营规模，陈明经朋友介绍认识了一家外省的经销商。在合作谈判过程中，经销商以陈明的皮具是新品牌为由，使劲地压低价格。所以，在第一次谈判中，双方未达成合作协议。为了争取合作机会，陈明与经销商约定，一周之后再谈合作。

在第二次谈判时，陈明和助手分析了对方的情况，找出了对方的弱点，并制定了详细的谈判策略。最后决定，在谈判桌上陈明的助手负责唱白脸，陈明负责唱红脸。

到第二次谈判时，陈明一方按照之前的计划，由助手打头阵，一上来先“放炮”给对方听。在谈判开始后，陈明的助手一本正经地跟经销商说：“我们也了解贵公司的情况，并不是全省最大的经销商，跟您同等水平的经销商也有不少，而且有几家的经营模式甚至比您要好很多。我们的产品虽然在该省没有打开市场，但是在我们省内却是数一数二的品牌，这样的知名度并不难找到更好更大的经销商。我们之所以还跟您谈，就是顾及朋友的面子，这本来就是一件对大家都有好处的事情。您如果一再地压低价格，那么我们只好重新寻找合作伙伴了！”

本来经销商以为这次谈判是志在必得的事情，不料却被将了一军，一时间竟没人出来回应。陈明见他们都在思考，索性也不再说话，给对方递了烟，自顾自地抽了起来。

一支烟抽完，陈明开始唱红脸了。他先是批评了助手，怪他说话太过分，不给对方留面子，然后又跟经销商说：“虽然我的助手说话不好听，但他说的也是事实。我们是很希望和您合作的，不光是生意上的，还有感情上的。大家都是商人，都想为自己争取最大的利益，这是必然的。所以，即便是买卖不成，咱们仁义还在嘛。今天晚上我做东，请您吃饭。”

谈判结束的第二天，陈明就以原来的价格谈成了这笔生意。

由此不难看出，在这场谈判里，红脸和白脸相互转换的时机是决胜的关键，也就是说，白脸和红脸之间留的时间差要恰到好处。

在谈判过程中，一般先由白脸震慑对方一下，让对方意识到问题的严重性，从而不敢怠慢，最后再由唱红脸的人和平解决。另外需提醒的是，两个角色出场的时间差要把握精准，中间间隔的时间既不能太长，也不能太短。如果红白脸之间间隔的时间太短，会减弱震慑力；如果间隔的时间太长，又会让对方想出应对的策略，反而让己方陷于被动局面。

不触及原则时唱红脸，越界马上转白脸

在明代哲学家洪应明的著作《菜根谭》中有这样一句话：“花看半开，酒饮微醉，此中大有佳趣。若至烂漫酕醄，便成恶境矣。履盈满者宜思之。”这句话是说，看花要看半开的花，喝酒要喝到微醺半醉，这样才能享受到人生妙趣。如果花开到烂漫，酒喝到烂醉，那么就沦为糟糕的境界了。这个道理值得那些正踌躇满志、春风得意的人仔细思考。

这里其实就是在讲一个“度”的问题。在“度”以内，事物可以保持其美好的形态，一旦超过了“度”，就会变得不讨人喜欢，甚至使人恶心。

在管理学中，“度”的问题是研究重点。管理者通常不能只以一种角色示人，红白脸的相互转化也不是随意而为之的，而是要遵循一定的规律。

有的管理者喜欢唱红脸，认为温和的红脸能够拉近和员工之间的距离，进而能更好地管理公司。但是如果一个人只会唱红脸，而不会唱白脸的话，就会丧失作为领导的震慑力。那么，管理者如何才能不露痕迹

地在红脸与白脸之间自然转换呢？这就要求管理者要做到：在下属不触及原则底线时唱红脸，当对方越界时则马上改唱白脸。

对于一个公司来说，原则性问题即企业的纪律条例，这是任何员工都要遵守的基本规范，哪怕小小的一条，只要写在了公司的纪律里，都是不可侵犯的。

在Alice的公司里，纪律就像是圣旨一样，大大小小的条例没有任何一个人敢违反，这都得益于Alice的管理。

Alice刚接手这家公司的时候，员工们都不知道新来的领导是什么性格，大家都在揣测，都说新官上任三把火，而Alice却一点动静都没有。

在下属的印象中，Alice为人随和，什么事情都好商量，有事没事还经常自己做东请下属们吃饭。同事中谁有什么困难，Alice一定是首当其冲出来帮忙的。所以，Alice的下属都把她当作朋友，在她身上根本看不到领导的架子。

然而，不久前发生的一件事却改变了众人对Alice的看法。公司里有一项规定：任何员工无故迟到10分钟以上，一次扣10元钱，迟到5次以上，就要被辞退。虽然平常Alice对下属们的错误总能够宽宏大量，然而这次却因为迟到的事情辞掉了一个员工。

大家都没有想到Alice会这么做，一时之间很震惊。开除那个员工以后，Alice召集各部门主管开了会议，在会上Alice严肃地说："在大家的印象中，可能我一直是个没有脾气的领导，但是我的没脾气是建立在大家不触犯原则的基础上。一旦有人触犯了公司的条例，我将严罚不贷。比如这名被开除的员工，他这个月已经迟到了十几次。这是不可容忍的错误！"

一向唱红脸的管理者，突然间变成了严肃的白脸，这让下属们都意识到，再好说话的领导，也有发脾气的时候，从而使他们不敢轻易触犯公司纪律。在这里，Alice眼中所谓的原则，就是公司的纪律，只要下属没有触犯公司纪律，Alice就一直保持着唱红脸的形象，一旦发现有人触犯了公司纪律，则立马转唱白脸，对触犯纪律的下属毫不留情。

这里需要强调的是，作为一名管理者，在对下属唱白脸之前，一定要让下属明白，哪些事情是可以做的，哪些事情是绝对不允许做的。也就是说，在唱白脸之前，一定要让下属明白公司的行为准则。如果下属在得到明确的警告之后，仍然做出了触犯原则的事情，就一定要对犯错者进行严厉的惩罚，从而警告后面的人不再犯同样的错误。

白脸甩门而去，红脸收场和局

在中国传统戏曲中，大部分都具有相同的演出套路，即白脸开场，红脸收场。在日常生活中，这种白脸开场、红脸收场的方法运用得非常广泛。小到去市场买东西、管教孩子，大到对一家上市公司的管理以及跨国集团公司的重要谈判，都需要红脸、白脸密切配合。在这里，我们不妨举一个商业谈判的例子。

A：饮料供应商销售经理李经理

B：采购员刘采购

C：饮料供应商总经理王总

A：刘采购，我给你报的价格已经是最低价了，这已经是我的最大权限。

B：李经理，在这个问题上我也做不了主，上周我们公司的高层领导刚刚开了会议，要求所有商品的成本降低10%。

A：什么？成本还要降低！

B：是的，这是我们公司的硬性要求。我们公司考虑到咱们将是长期合作，所以要求每箱饮料的价格再降低5元。

A：如果这样的话，我还需要向王总申请一下。

第二天上午，李经理主动给刘采购通了电话。李经理对刘采购说：“我们王总听到你们这边要降低成本，坚决要撤销合作合同。这不，在我再三的劝说下，王总只接受每箱饮料降低2元的合作条件，希望你们那边也再考虑一下！”刘采购在电话中犹豫了半分钟，接受了李经理的条件，并让他去公司签合同。

在这个案例中，从表面上看只有李经理与刘采购在谈判，没有其他人参与。实际上，饮料供应商的总经理王总也变相地参与了这场谈判，而且李经理与王总分别扮演红脸和白脸的角色。在谈判的过程中，当刘采购说需要降价时，李经理并没有直接拒绝对方，而是说去和王总商量一下。此时，李经理已经初步给自己定位为红脸的角色。

根据李经理的反馈，最后商量的结果是，王总不但不接受降价的条件，而且要撤销合同。在这里，王总充分地表现了自己白脸甩门而出的形象。为了收场，李经理开始说服自己的领导王总，最终争取到每箱饮料降价2元的优惠价格，充分显示了自己随和、好说话的红脸形象，于是与采购商顺利达成合作。

前面我们已经说到，白脸出场的目的是威胁对方，关键时刻甚至可以甩门而出，从而给对方内心造成一种压迫感。这个时候，红脸主动出场进行和局，从而使谈判进行下去。那么，红脸应该如何对白脸的破局进行善后呢？一般来说，可以采用以下两种方法进行和局。

第一，对破局忽略，下次继续谈判。在谈判过程中，虽然双方没有谈拢，甚至因为某些事情闹翻了脸，但不要在意，当作什么事都没有发生。等过一段时间之后，再主动邀请对方，重新进行谈判。一般来说，一个人能够做到这一点，需要具有较高的情商。

第二，破局之后，及时找红脸帮忙。比如，有两家公司在洽谈合作时因买卖双方意见不一致，最终导致破局。卖方谈判代表留下一句“我不卖了”，然后甩门而出。第二天，卖方又派了一个红脸重新谈判。当见到买方的人后，安慰对方不要把昨天的事情放在心上，并告诉对方昨天那个人已被公司领导批评了，从而给对方挽回面子，最终达成和局的目的。

总之，红脸代表希望、快乐、轻松，而白脸则代表威胁、紧张、痛苦。在谈判过程中，我们既不要被对方的白脸吓到，也不要被对方的红脸迷惑。另外，在使用红白脸策略时，我们一定要有章法可循，并做到性格与角色相吻合。

红脸最好是高层领导，白脸最好是执行阶层

在现代企业中，公司的架构一般分为三层：高层领导，也就是管理决策层；中层管理，即执行阶层；基层工作者，即普通员工。所以，一个企业的管理重任自然就落在了高层管理者与中层管理者的身上。

作为企业的最高管理者，一般来说，其主要职能是把握整个公司的战略方向，树立公司的企业精神，调动员工的积极性；而中层执行者的主要职能是按照高层领导制定的战略和计划逐步展开工作，并保证基层员工的工作质量和效率。根据从古至今的各种经验来看，红白脸应用到具体管理工作中，最好是高层领导唱红脸，执行阶层唱白脸。

王清是公司总经理的秘书。在工作过程中，总经理发现他踏实能干，而且头脑聪明、灵活，于是决定让他担任分公司经理一职。

由于缺少领导经验，王清到分公司之后，不知道如何带领整个团队。起初，王清为了搞好与员工的关系，一味地唱起了红脸。一段时间以后，王清发现绝大多数的员工工作散漫、缺少纪律性，对总公司分派下来的任务无法保质保量地完成。

为了纠正员工散漫、纪律性不强的毛病，王清一反常态，开始对员工唱起了白脸。这样一来，员工的确不像原来那么散漫了，然而新的问题又来了。员工开始与他疏远，有什么问题也不主动与他沟通了，上上下下商量好似的躲着他，把他当成了共同的敌人。

后来，王清觉得这样下去也不行，于是参加了某知名培训机构举办的管理学培训班。

通过一段时间的学习，王清发现：在一些大企业中，老总不直接管理员工，在员工心目中高层管理者都是和蔼可亲的形象，从来不与员工发生正面冲突；公司的中层管理者往往却严肃、认真、一丝不苟，对于犯错的员工更是严惩不贷、毫不留情。

于是，王清开始减少跟员工的直接接触，当公司内出现问题时，都是由各个部门的主管直接解决问题。也就是说，在对公司的管理上，王清负责唱红脸，而中层管理者负责唱白脸。经过一段时间的整治，整个公司变得井然有序，王清感觉自己身上的担子轻松了很多。

在公司管理构架上，如果我们将此比作一座金字塔，那么位于金字塔顶端的是公司的上层管理者；位于中间位置的是中层管理者；位于最下面且数量最多的则是普通员工。

一般来说，一个公司能否发展壮大，根基是否稳固，主要体现在对普通员工的管理上。在对员工管理中，高层管理要做的就是增强内部凝聚力，向他们传递一种积极、乐观的敬业精神。也就是说，高层管理者要以红脸形象示人，而且要把红脸唱得精准。如果高层管理者既扮演红脸又扮演白脸，会使员工失去方向感和安全感，从而降低工作的积极性。

中层管理者位于整个企业的中间层，是最了解高层管理者意图的人。他们的主要任务是准确无误地把高层领导的工作精神传达下去，并带领基层员工开展具体工作。如果中层管理者想提高基层员工的工作效率，就不能唱红脸，而是要用白脸的威严来鞭策他们，使他们意识到如果完不成工作任务或工作出了问题，将会被惩罚。

由于中层管理者是高层管理战略的执行者，所以员工会默认这样的白脸是上层管理者默许的。虽然这样的白脸不是由高层管理者亲自来唱，但同样表达了高层管理者的意图，在无形中就增强了高层管理者在员工心目中的威严。

如果把基层员工比作运动员，中层管理者就是指导运动员的教练，而高层管理者则是一场比赛的裁判。要想使一场运动会顺利进行，运动员只需要会做事；教练既需要会做事，又需要会做人；而裁判只需要会做人。也就是说，在整个企业中，评价基层员工看才能；评价中层管理者看德行；评价高层管理者看胸怀！

学会变脸——该唱白脸时唱白脸，该唱红脸时唱红脸

在管理中，单一的方法只能解决与其相对应的问题，如果试图用同一种方法解决不同的问题，往往会造成“偷鸡不成蚀把米”的局面。红白脸也是如此，如果管理者一直唱红脸，对下属太好，就会让对方恃宠而骄，渐渐也就约束不住了；如果管理者一直唱白脸，对下属过于严厉，则会降低下属的积极性，甚至使整个团队毫无生机可言。

一名高明的管理者必然懂得这个道理，所以他们会采用红白脸相互配合的管理方法，并且做到该唱白脸时唱白脸、该唱红脸时唱红脸。

在对下属的管理中，乾隆皇帝可谓把红白脸管理法运用得淋漓尽致。他敬重文人志士，甚至规定，即便是皇亲国戚见了大学士也要行“半跪礼”，并尊称他们“老先生”。如果是一位在教学生的大学士，就更值得敬重了。为了显示自己对文人的重视与宠爱，乾隆下旨说，只要是有学识的学者，都应该载入儒林史册，可以不用管他的官是几品。

当然，乾隆皇帝这么做，其目的是为了维护自己的皇权，希望这些文人能够为维护皇权服务。一旦有人违背了这个原则，触犯了这个底

线，他马上就会换掉红脸，唱起白脸，处理起来心狠手辣、毫不留情。所以，乾隆时期才会盛行“文字狱”。乾隆的意思是，我对你好，你就得按照我的想法来，如果你违逆了我，就要狠狠惩罚你，轻则下狱，重则株连九族。据说，乾隆在位期间，有案可查的文字狱就有70多起，可谓前无古人、后无来者。

乾隆在位期间，他所制定的“文字狱”搞得文人学士人心惶惶，不敢随意抒发自己的感情。很多文人雅士因为几句游戏之语，竟然受到牢狱之灾。可以说，乾隆正是通过红白脸管理法维护了自己的帝国统治。

从人性角度分析，乾隆的统治手段过于血腥、残酷，但确实达到了他的统治目的。现代社会不比封建社会，企业的管理者也不是皇帝，但古人流传下来的管理方法却是古今通用的。在一个企业中，领导者的管理能力对企业的发展起着至关重要的作用。在对下属进行管理过程中，需要具备在不同环境下扮演不同角色的能力，并对员工做到“严慈有度、奖罚分明”。

TB鞋厂是温州一家规模不小的鞋厂，每年的订单也很多。然而，在每次发货时，总是大部分的产品都已入库，却因为鞋子的号码不齐，最终拖延了发货时间。这不仅大大增加了运输成本，甚至因为发货延期导致顾客取消合作合同。

TB鞋厂的老板意识到，要想从根本上解决发货延期的问题，就必须寻找到部分鞋子数量缺失的真实原因。老板认真观察一周后发现，造成鞋子个别号码缺失的原因主要有以下几个方面：第一，员工们虽然是按照生产单进行开料、生产，但是当料子未领齐时，没有及时向领导反映并补齐料子。第二，在质检过程中，质检员发现了不合格的产品，没有及时处理，最终导致不合格的产品没能及时补足数量。第三，对于需要返工或者维修的产品，时间不确定，最终延误了发货日期。

针对以上种种问题，老板要求计划物控部门制订详细的包装生产计划和入库计划，并建立《订单清尾表》。为了把工作落实得更具体，老板为每一个车间安排了一名备料、核查人员，他的主要工作就是每天按照生产计划跟进车间完成产品的数量、型号，并核对产品是否异常。对于出现问题的产品，要求相关部门及时处理，并安排稽核人员随时跟进检查。

他推行的最重要的一项规定是：每周总结一次每个部门订单清尾工作的执行情况。对于认真执行工作并确保订单生产和交货的车间，给予公开表彰和物质上的奖励；而对于存在缺货问题的车间，不但要进行经济上的处罚，而且车间主管要公开检讨。

这样坚持了两个月左右，客户订单的准交率提高到90%以上，而且很多订单的生产周期也缩短了很多。这样一来，这家鞋厂的顾客越来越多，不仅鞋厂的效益有了大幅度的提高，员工的薪水待遇也随之增加。

由此可见，管理真是一门艺术。其中，红白脸赏罚制度的引入，可以有效提升一家企业的工作效率。作为一名管理者，一定要做到当严则严、奖罚分明，对于工作出色的员工要给予及时表扬与奖励，而对于问题员工则必须给予批评、惩罚，而且要做到毫不手软。

不过，我们也应该认识到一点：在管理下属的过程中，只唱红脸或只唱白脸的管理方法都是不妥当的。只有做到软中有硬、软硬兼施，才能够使下属更卖力地工作。所以，优秀的管理者都善于“变脸”，懂得什么时候该唱白脸、什么时候该唱红脸。

销售中的红白脸成交法

在一些警匪片里，经常可以看到警官审讯罪犯的情节。一般先是一名警官很严厉地“恐吓”罪犯，说警方已经掌握了全部的证据，从而把罪犯逼到一个绝望的境地。然后，另外一名警官出场，他言辞和蔼、态度温和，对罪犯表示信任和理解，并且告诉他这不是绝境，以后还有机会。一般到了这个时候，大部分犯罪嫌疑人都会屈服，然后坦白一切。

这种审讯罪犯的方法，其实就是红白脸交替审案法。唱白脸的负责用自己的威慑力瓦解对方的意志，唱红脸的则负责柔一下，让对方觉得如果坦白的话，事情还将会有所转机，于是就会一五一十地说出自己的罪证，并最终落入警官的“圈套”之中。

这种红白脸交替法运用的领域很广，尤其在商业谈判中运用得更为普遍。所谓的红白脸成交法，就是在销售谈判过程中，一个人唱白脸做“坏人”，另一个人唱红脸做“好人”，或者一个人同时扮演红脸、白脸两个不同的角色。在角色扮演过程中，唱白脸的人一定要做到态度强硬，给对方一种咄咄逼人、寸步不让的感觉；而唱红脸的人一定要态度温和，并处处为对方着想。也就是说，当红脸准备妥协的时候，白脸立马用武力来压对方，并在这种一文一武、一张一弛中达到成交的目的。

有一次，苏联准备向挪威买鱼，就派代表去和挪威的卖鱼方谈判。为了争取最低的价格，苏联派了能干的柯伦泰，并任命她为全权负责苏联与挪威贸易的代表。

谈判开始，挪威商人狮子大开口，伸出5个手指说："五位数，就是要这个价格，低一点都不行。我们宁愿不卖这些鱼，也不可能降价。"在谈判桌上，挪威商人的态度很是坚决。

面对这种情况，柯伦泰很镇静，她不紧不慢地说："你们要的价太高了，五位数，怎么可能呢？"她伸出一个手指说："一位数，不能再高了，就这些钱，要是再多，我们就到别的商人那里去买了。"

挪威商人一听这话，气得跳脚，大声喊道："您真是太精明了，想用这点钱就买我们的鱼？这太可笑了吧。这些钱连鱼刺都买不到！"

其实，挪威商人之所以说五位数，是在故意抬高价格，这样一来，就可以跟买方讨价还价，即使自己最终让一些利，买方还是会用比实际高的价格买下来，这是他们一贯的计策。

当然，挪威商人的这种谈判计策瞒不过柯伦泰的眼睛。听挪威商人吼完后，柯伦泰说："真是对不起，我刚才说错价格了。我刚才给的价格还是高了，其实还应该再低一些。"

一听这话，挪威商人更是怒不可遏，并大声说道："你谈判有没有诚意？这个价格，您是拿我们开玩笑吗？！"看到对方生气了，柯伦泰也唱起了白脸，她一改刚才的笑脸，很严肃地说："没错，刚才的确在开玩笑。开玩笑也是你们先开始的，如果你们有诚意的话，怎么会故意抬高鱼的价格嘛！所以，要想让我方拿出谈判的诚意，你们也应该拿出诚意来。"

挪威商人看到柯伦泰识破了自己的诡计，开始一言不发地看着柯伦泰，并琢磨着如何反击。然而，令他们没想到的是，柯伦泰叹了一口气说：“我不是不知道你们的想法，捕鱼很累，无非是想多赚点钱，所以我可以勉为其难地同意你们的价格。”听了这话，挪威商人顿时兴奋了起来。紧接着，柯伦泰的一席话又让他们刚刚放松的心情紧绷了起来，柯伦泰说：“我虽然体谅你们，同意了你们的价格，但是你们的价格确实高得离谱，想必我背后的国家是不会同意的，所以只能我自己付这个钱。但是呢，我又没有这么多钱，所以我可能要用一辈子的时间来还你们的钱，你们不着急吧？”

挪威商人一看没有办法，只能把价格降低，当然这笔生意也谈成了。在这里，柯伦泰就是运用红白脸相配合的方法来制造成交机会的。

在这场销售谈判中，柯伦泰先用白脸把对方置于一个不上不下的境地，让他们觉得已经绝望了，没有其他选择了，然后再用红脸出来暗示，给他们一条可以选择的路，并且这条路对对方来说是有利可图的。在这种情况下，对方自然会顺着你暗示的道路走下去。

在商业谈判中，千万不要认为只要自己对对方笑脸相迎、一团和气就能够赢得谈判。如果你在谈判中总是一味唱红脸，对方会觉得你有求于他，或者在巴结他。这样一来，对方就会表现得更加傲慢、强硬，使你无形中处于谈判的被动位置。

所以，在适当的时候，要敢于给对方一点颜色看，并用唱白脸的方式刺激对方。需要强调一下，这里所谓的刺激并不是激怒对方，也不是伤害对方，而是用一种强势的手段引起对方的注意，从而使对方从心理上更加重视你，并最终达到提升谈判筹码的目的。

第五章

站在什么台上唱什么戏

唱红白脸的注意事项

*

很多管理者没有真正掌握红白脸运用的要领，总是一会儿唱白脸、一会儿唱红脸，这样反而给人一种缺少诚信的负面印象。那么，唱红白脸都有哪些必须注意的事项呢？

“红脸”与“白脸”要心有灵犀

红白脸法则已经成为管理学和人际关系学中的重要策略，而且在现实运用中起着重要作用。具体来说，红白脸管理法包括红脸和白脸两个基本点，在角色出场时需要心有灵犀、配合默契。在这里，我们不妨拿一次商业案例来说明红白脸之间默契配合的重要性。

有一次，美国富豪休斯需要大量购进一批货物，于是就和货物供应商谈判。在谈判中，休斯提出33条要求，而且在这33条要求中有11条是不能退让的。不过这件事只有自己人知道，对于货物供应商来说，这是不可泄露的机密。

在谈判过程中，对方不同意休斯提出的33条要求，休斯也不肯让步。于是双方争论激烈，甚至吵了起来，谈判事宜只好暂停进行。

后来，休斯派自己的私人助理出面跟对方谈判。在谈判之前，休斯告诉助理，自己的底线是：在那11个条件上坚决不能让步，其他的可见机行事。在与供应商谈判期间，休斯的助理并不像休斯那样咄咄逼人，而是态度温和地和对方洽谈。这样一来，对方也变得心平气和起来，在一些条件上开始相互让步。最终谈判结果是满意而归，不仅争取到了那11条要求，还争取到了其他的几条要求。

在这个案例中，休斯方之所以能够达成谈判目标，就在于休斯与助理之间在红白脸的运用上心有灵犀、配合默契。在具体谈判中，休斯负责唱白脸打前阵，用严厉的气势把对方镇住。然后，休斯的助手再以红脸的形象出场，在谈判中起到收场、和解的目的。所以说，红脸和白脸是红白脸谈判策略中的正反两个方面，而且彼此之间是一个不可分割的整体。那么，在具体运用中，需要注意哪些事项呢？

第一，根据性格特点选择适合的角色。在红白脸角色的扮演中，红脸需要表现得温和、亲切，能够处处为对方着想，所以性格和善、稳重、内敛的人比较适合扮红脸；而白脸在言辞上相对比较激烈，行为上雷厉风行，当和对方发生争执时更是不妥协、不让步，所以一般来说爱憎分明、性格刚毅的人更适合白脸角色。

在具体运用中，如果不能根据性格特点来进行角色分配，就会使红脸该软的不软，白脸该硬的硬不起来，从而使两个角色失去应有的意义与价值。

第二，红白脸双方目标要保持一致。在具体运用上，红白脸的目标要统一，白脸为红脸铺路，红脸为白脸善后。总之，不管是铺路也好，善后也罢，红白脸双方一定要为一个共同的目标服务，双方要事先约定好共同的期望，有一个双方心知肚明的底线。

第三，把握红白脸之间的转换时机。无论在管理中，还是在谈判或人际交往中，要想把红白脸策略用得恰到好处，就一定要掌握好角色转换的最佳时机。比如，如果先发制人的白脸完全掌握了整个局势的主动权，那么红脸就不要着急出场，最后来个一锤定音就可以了；如果对方也用白脸的话，而且双方已经达到了针锋相对的局面，这个时候红脸就要迅速登场，并达到调解矛盾缓和冲突的目的。

一会红脸一会白脸，容易落个不诚不信的形象

在日常生活中，我们经常听到这么一句话：“你这个人怎么一会儿唱红脸，一会儿唱白脸啊？”这里的红脸、白脸指的是两种不同的态度。红脸是正面的态度，以鼓励赞美为主，白脸则是反面的态度，以批评惩罚为主。红脸白脸，一热一冷，相得益彰。

无论是在企业单位，还是在事业单位，要想使工作有序进展、员工之间团结互助，管理者一定要善于运用红白脸管理法。然而，在具体运用中，很多管理者因为没有真正掌握其中的要领，总是一会儿唱白脸，一会儿唱红脸，反而给人一种缺少诚信的负面印象。

我认识一个年轻人何军，在他刚刚被提升为部门主管时，就不太善于做下属的管理工作。

刚开始时，何军对每一个员工都是笑脸相迎，当下属在生活或工作上遇到困难时，他总是主动帮忙。他每个月领到薪水的第一件事，就是带领整个部门的人去餐馆大吃一顿。由于何军对待下属的态度随和亲切，所以他与下属之间的关系还算不错。

一段时间之后，何军发现自己的部门存在许多问题。比如，在工作的时间，员工们常常开玩笑、聊天，对安排下去的工作任务不放在心上，而且整个部门的工作效率极低。

面对这样的问题，何军不知如何解决，只好请教自己的上司。在沟通管理经验时，上司告诉何军：“在对下属的管理上，管理者不能一味地唱红脸。如果你总是以红脸的形象示人，也许在刚开始的时候对方会感激你，但时间久了反而会觉得是理所当然。如果有一天对方发现你不如以前对他好了，反而会记恨你。所以，作为一名管理者，要树立自己的威信，就应该做到亲而不近，而不是与下属称兄道弟。”

听了老领导的一番教诲之后，何军开始以白脸的形象示人。当下属在工作中出现了错误，他不再为下属承担责任，而是严格按照公司的规定惩罚。这样坚持了两周，不但没有解决原来的问题，反而整个部门怨声载道，甚至有员工给何军起了“黑白无常”的绰号！

何军没有办法，只好再次请教自己的上司。上司笑着对何军说：“你们部门出现这样的问题在我意料之中。其原因就在于，你之前总是唱红脸，他们已经习惯了你的管理风格，现在你突然改唱白脸，他们必然会有一种不适应的感觉。可以说，你的问题并不是出在唱什么脸上，而是出在红白脸的相互转化上。当你把红白脸管理法运用在具体工作上时，红脸、白脸需要配合使用，但在出场之前，一定要确立好自己的角色主基调。比如，如果你的主基调是唱红脸，那么就以唱红脸为主，白脸只是起到辅助的配合作用；反过来，如果你把唱白脸作为自己的角色主基调，那么就要以唱白脸为主，红脸为辅。如果你总是这次唱白脸，下次唱红脸，下属将会感觉你是一个变化无常的人，甚至会使你陷入一种无诚、无信的境地。”

这个例子告诉我们，管理者在运用红白脸管理法时，首先要为自己做好角色定位。在具体运用中，偶尔改变一下角色也未尝不可，但一定要清楚自己的角色主基调，切不可今天唱红脸，明天唱白脸。要知道，无论是古代还是现代社会，人们最讨厌的人就是反复无常的两面派。所以，你一定要有自己主打的个性和风格，立场要鲜明。

苏联作家高尔基说：“诚实是人生美好的品格。”美国作家德莱塞说：“诚实是人生的命脉，是一切价值的根基。”所以，作为一名管理者，千万不要因为自己的管理方法失当而丧失在下属心目中的威信力和诚信度。

不该唱红脸时唱红脸，会使自己变廉价

孟子说：“虽有智慧，不如乘势；虽有镃基，不如待时。”这句话的意思是说，虽然有智慧，不如借助形势；虽然有锄头，不如等待农时。简单来说，就是要学会在适合的时候做适合的事儿。

如果把孟子的这句话与红白脸管理法的运用结合起来，就是说一个人在该唱红脸时要唱红脸，在该唱白脸时要唱白脸。如果在不该唱红脸的时候唱了红脸，反而会降低自己的身份，使自己变得廉价起来。

在现代企业管理模式中，大部分的管理者都喜欢运用红白脸管理法。然而，喜欢并不等于擅长，甚至很多管理者把这种管理法运用得一塌糊涂。比如，有的管理者为了搞好与下属的关系，不愿意唱白脸做坏人，总是以一种红脸形象示人。问题的关键在于，如果管理者在不适当的场合唱了红脸，不但不能赢得下属的好感和尊敬，反而会使自己失去领导者的气场与魄力。

在某企业，员工王华经常迟到、早退，而且做事极不认真。王华的部门经理是一个没脾气的“老好人”，每当王华犯了错误，部门经理只是不痛

不痒地提醒他“下次不要再犯错了”，但从来没有严厉地批评过王华。

有一次，王华在一周内连续迟到了四次。总经理实在看不下去，于是提醒部门经理说：“你应该给他上一堂思想政治课了，如果实在不行的话，开除算了！”于是，部门经理按照总经理的指示，找王华谈话。但是在谈话过程中，部门经理总是绕来绕去地与王华唠家常，根本说不出一句批评的话，因为他担心自己说话太重会伤害下属。

在部门经理的放纵下，王华的行为越来越过分，甚至把不完成工作当成理所当然的事情。为了整个部门的发展，部门经理只好承担起王华应该做的那一份工作。后来，部门内的其他人都把王华当作“榜样”，也总是把工作往部门经理身上压。虽然在部门经理的争取下，已经增加了多个人手，但他仍然感觉自己很累，而且很难完成工作任务。

在年终业绩考核的时候，这个部门的业绩排在最后面，奖金自然也少得可怜。于是，这个部门的员工又开始抱怨部门经理，甚至向高层领导要求更换部门经理。

在上面的案例中，部门经理是一个处处为他人着想的“老好人”，甚至因为怕伤害下属而不敢批评对方。可以说，他这种对员工过于放纵的行为，不但没有换得下属对他的尊重，反而使下属越来越看不起他，甚至因为对下属错误的过度容忍，使他的“好心变成驴肝肺”，最终让员工喊出要更换他的呼声。可以说，红脸如果唱的时机不对，就会让自己威望扫地、尊严全无，名义上是领导，实则被玩弄于员工之手。

作为一名管理者，无论任何时候，都一定要记住自己是一位领导。领导对下属唱红脸并没有错，但要保持一定的限度，做到该唱红脸时唱红脸，该唱白脸时唱白脸。如果一个管理者总是在不该唱红脸时唱红脸，下属不但对你的红脸不领情，而且会认为你是一个可以捏来捏去的“软柿子”。所以，当下属犯错时，千万不要纵容，而要严厉地批评，使对方在被批评的过程中意识到自己的错误，并最终改正错误。

唱白脸要有公正心态，不能看人下菜碟

“看人下菜碟”是中国老百姓常说的一句俗话，其意思是说，根据不同的人上不同的菜。后来被引申为那些趋炎附势的人对人的态度因人而异，无法做到一视同仁。

关于“看人下菜碟”这句话，曾流传着这样一个典故：

元世祖忽必烈是一个大孝子，有一年他的母亲庄圣太后生病了，请遍了全国的名医都没有治好。后来，在祖传医师许国桢的精心调理下，庄圣太后的病治好了。忽必烈对许国桢不胜感激，于是任命许国桢为大汗的私人医生，并让他负责管理太医院。

许国桢的母亲韩氏做得一手好菜，在和儿子一起进宫后，她毛遂自荐做了庄圣太后的厨师。等庄圣太后死后，韩氏又开始做忽必烈的厨师。作为皇帝，忽必烈对山珍海味都吃腻了，总想换一换新鲜的口味。韩氏为了讨忽必烈的欢心，于是把瘦肉切成长条形，用鸡蛋面糊裹一下，先是过油炸，然后再清炒，最终做成了一道酥而不散、肥而不腻的好菜。

忽必烈吃后赞不绝口，于是问韩氏："这道菜叫什么名字？"韩氏回答说："喇嘛肉。"忽必烈听后很是解恨。其原因是，忽必烈的父亲去世后，母亲庄圣太后开始与一名喇嘛相好。虽然喇嘛庙离庄圣太后的住处不远，但中间却有一条河。忽必烈为了让母亲高兴，便让人在河上建了一座桥，为母亲与喇嘛约会提供方便。然而，等庄圣太后去世后，忽必烈立马把喇嘛杀了。韩氏知道忽必烈对喇嘛恨之入骨，于是就说这道菜叫"喇嘛肉"，果然博得了忽必烈的欢心。

忽必烈的正宫娘娘听说韩氏的厨艺超群，也想一尝为快，于是就请韩氏为自己做菜。韩氏知道正宫娘娘与西宫娘娘向来不和，由于西宫娘娘年轻貌美，而且能言善辩，所以忽必烈总是把西宫当作心肝宝贝一样宠着，而对正宫娘娘却相当的冷漠。于是韩氏计从心来，她将猪肝切成三角形的薄片，然后裹了鸡蛋面粉，用油炸之后，再放在锅里炒。正宫娘娘一品尝，果然美味，于是问道："这是什么菜呀？"韩氏回答："炒肝尖。"正宫娘娘一听这菜名，心里舒坦极了，于是赏给韩氏一对玉如意。

后来，西宫娘娘也想品尝韩氏做的菜。韩氏知道西宫娘娘为了保持苗条的身材，对于鸡鸭鱼肉之类的荤菜向来不吃。于是，韩氏把豆腐切成正方块，再用素油炸得又焦又黄。西宫娘娘吃后赞不绝口，并问起这道菜的名字。韩氏心想，这油炸豆腐的黄色与虎皮极其相似，刚好可以暗喻正宫娘娘狠毒如虎，于是说道："娘娘，这道菜叫虎皮豆腐！"说完之后，韩氏在心中暗暗为自己的聪明得意，谁知西宫娘娘却脸色一沉，让韩氏退下。

原来，西宫娘娘祖父的名字叫虎皮朵儿，而韩氏刚才说的菜名"虎皮豆腐"刚好犯忌。当西宫娘娘把这件事情告到忽必烈那里之后，忽必烈为了让西宫娘娘高兴，竟然下令把韩氏的双手剁掉。

从此之后，人们就把像韩氏这样投机取巧、对待别人不一视同仁的做法称为"看人下菜碟"，并对这种人持一种鄙视的态度。作为一名管理者，如果也是以"看人下菜碟"的态度来对待员工，将很难使一个企业发展壮大。所以，管理者只有做到对所有下属一视同仁，才能够使大家齐心协力、全心全意地工作。

有的单位为了解决员工的迟到、早退、请假问题，于是把考勤与奖金、工资挂钩。如果员工在一个月内既不迟到、早退，也不请假，就会有相应的奖金；反之，不仅没有这一部分奖金，还会从工资里扣掉一部分钱。

李伟的公司采用的就是全勤奖的考勤制度。在一个月之内，只要有人迟到、早退，不管多长时间，哪怕是一分钟都要扣20元钱。这种考勤制度刚实行时，公司里迟到的员工的确是少了很多。

但一段时间之后，有员工提议说，这种考勤制度有失公正。比如，有的人紧赶慢赶，由于迟到一分钟，要扣20元钱，而有的人优哉游哉，迟到了半个小时，还是扣20元钱。李伟也意识到这个制度确实有失公平，他先跟员工们道了歉，然后又修改了制度：因恶劣天气原因或者其他特殊原因迟到的酌情不扣工资，剩下的按照阶梯结构来惩罚。5分钟以内的扣5元，5分钟以上10分钟以内的扣10元，依此类推。对于修改后的考勤制度，大家都感觉非常公平。渐渐地，公司内很少有人再迟到了。

我们常说，心态决定一切。同样，在管理工作中，管理者是否具有公平、公正的好心态，将决定着一个企业未来的发展。在上面的案例中，李伟通过制定公平的奖罚制度，解决了员工的迟到问题。也就是说，李伟在唱白脸惩罚员工时，是公平、公正的，并没有看人下菜碟，所以所有的员工都认同他制定的惩罚制度。

在管理学中，公平、公正包括很多方面，比如公平、公正的奖惩制度，公平、公正的晋升空间，以及平等的发言权等。为什么管理者在管理员工时一定要做到公平公正呢？因为在很多时候，员工工作的积极性并不完全取决于获得薪水的多少，还受一种无形报酬的影响，即他们感觉自己在单位中受到的待遇是否公平。

比如，在一个单位中，员工会把自己的付出与收获与同事相比较，如果他感觉自己比同事付出的劳动多，而获得的待遇少，内心就会产生一种不平衡心理。再比如，两个员工犯了同样的错误，领导对其中一个员工大加指责，而对另一个员工毫无批评。那么，这个被严厉批评的员工就会出现一种不平衡心理。在这种不平衡心理的驱动下，他的工作激情自然就会减弱，甚至对领导产生抵制情绪，最终导致工作效率下降。

总之，管理不是一件容易的事情。在对员工进行管理的过程中，管理者不仅要维护整个团队的秩序，还要关心员工们的心理需求，从而保证整个团队的凝聚力。所以，管理者要想激发员工的工作激情，就一定要对员工保持公平、公正的态度。只有这样，才能更大程度地激发员工的积极性，并大大增强员工对公司的忠诚度。

对方不知情而犯错，不要唱白脸

中国有句古话："不知者无罪。"这句话的意思是说，一个人在不清楚环境、不知道前因后果的情况下犯了错误，是不应该被惩罚的。关于犯错，管理大师杰克·韦尔奇也曾说："领导者如果过于关注下属的错误，就不会有人敢于尝试，而没有人勇于尝试比犯错误还可怕。"所以，作为一名管理者，要懂得宽容，对于下属因为不知而犯下的错误，不要一味地批评指责，不要动不动就唱白脸。

李涛在一家公司做销售。有一天，他跟自己的部门经理王杰一起去拜见一个老顾客。到了该公司采购处，王杰就让李涛去推销产品，自己去找销售部的部门主管谈另一项业务。进门以后，李涛看见一名领导正在安排工作，于是认定这个人就是采购处的主管。李涛把自己的名片递给对方后，就开始滔滔不绝地介绍自家的产品。正当李涛与对方谈得热火朝天时，王杰刚好路过，发现这个被李涛认定是采购处主管的人，其实是这家公司的刘总经理。

这下可急坏了王杰。王杰心想，如果因为李涛称呼的错误，惹怒了这家公司的总经理，那以后的合作可就没戏了。李涛与刘总经理的谈话终于结束了，他需要去车上取一下样品。

此时，王杰抱歉地向对方解释说："刘总，不好意思！李涛是刚来公司不久的新员工，所以错把你当成了采购部主管，实在是失礼了！"刘总笑笑说："没关系，李涛是第一次来我们公司，刚才我正在采购处安排工作，他理所当然会把我当作采购处的主管，我脸上又没写着总经理三个字，没事儿！没事儿！"

谁知这番话正好让拿样品回来的李涛听见，李涛走上前亲自跟刘总道歉。刘总拍了拍他的肩膀说："不知者无罪，年轻人别把这事儿放在心上。我们谈得投机，彼此就是朋友，级别呀，称呼呀，都是无所谓的！"

正是受这位刘总的影响，回公司后，部门经理王杰并没有因为李涛的犯错大加批评，只是善意地提醒李涛，以后在与顾客沟通时，一定要先确认对方的身份，然后再谈正事。

现在，李涛在单位也做到了销售经理的位置，提起当年的事情，依然对王杰、刘总感恩有加。他自己带团队以后，也总是以宽容的态度来对待下属，当下属因不知情而犯错时，他也从来不会批评他们。

在职场中，每个领导都希望自己的下属少犯或者不犯错，当然下属也希望自己不犯错。但是，作为一名员工，由于这样或者那样的原因，难免会犯下错误，一不小心就会出现纰漏。这时，作为管理者切不可锱铢必较，而要懂得宽容下属。

俗话说："宰相肚里能撑船。"一个人有多大的胸怀，就能够做多大的事情。作为一名领导者，一定要具有领导者的气度和风范；在与下属相处时，要做到胸怀博大；对下属因为不了解、不熟悉而犯下的错误，要懂得网开一面，大人不记小人过。如果你抓住下属无心的错不放，一方面把自己弄得很烦恼，另一方面也会让整个团队谨小慎微，没人愿意去开拓新市场，尝试新想法，因为尝试新鲜事物就意味着有犯错的风险。

没人冒险，看似无人犯错，但公司倒闭的风险也就隐藏其中了。很多百亿级的企业说倒闭就倒闭了，其关键因素就是创新缺失、组织僵化，没人犯错，最终酿成了无法挽救的最大的错。

宽容是卓越领导应该具备的美德。作为领导，你对下属宽容一些，并不会让你失去什么，反而会让你收获下属的感恩之情。

唱红脸秘诀——利用“希望得到”的心理正面激励

行为心理学中有一个著名的效应：保龄球效应。其具体内容是这样的：由两个保龄球教练分别训练自己的队员，两个队的队员同样是打倒了七个瓶子，教练甲对自己的队员说：“真不错，一次打倒了七个呢！下次努力争取把剩下的三个也打倒。”教练乙对自己的队员说：“怎么这么笨，还有三个没打倒？怎么回事儿啊！”最后，这两个教练带出的队员，在成绩上出现巨大的悬殊，教练甲带的队员成绩越来越好，而教练乙带的队员成绩呈明显下滑趋势。

其实，在保龄球效应中，教练甲就巧妙运用了队员“希望得到”的心理，对他们进行正面的激励。据有关专家研究表明，正面激励能给人带来积极作用，因为任何人都希望得到别人的赞美和鼓励。所谓唱红脸，首先要掌握的就是如何利用人们的这种“希望得到”心理来调动其工作积极性和主观能动性。

在这里，我们不妨讲一个有关赞美的故事：

有一次，美国著名管理学家彼德去邮局邮寄包裹。由于邮寄信件、物品的人非常多，工作人员都非常忙碌。透过邮局窗口的玻璃，彼德发现其中有一个年轻的小伙子，正在面无表情地工作着。彼德认为，真诚的赞美可以让他变得心情愉悦，并可以把这种快乐带给其他的人。当轮到彼德办理邮寄业务时，彼德笑着对这个年轻人说："你的头发真漂亮，我真希望自己的头发像你的头发一样漂亮！"这时，年轻人抬头望着彼德，脸上露出了灿烂的微笑，并客气地对彼德说："谢谢你的夸奖！"

在这个故事中，邮局中的年轻人从最初的面无表情到后来的笑容灿烂，完全得益于彼德对他的赞美。从这个案例中不难发现，获得赞美和鼓励，是每一个人的渴望。关于赞美与鼓励，美国总统林肯曾经说："每个人都喜欢他人的赞美。赞美，实际上就是一种不用花钱的奖赏。"在这一点上，林肯不但说到，而且真正地做到了。

在美国内战期间，林肯为了激发士兵们的斗志，每当有队伍经过华盛顿去前线时，他都会亲自检阅。有一次，当一支队伍路过华盛顿时，正下着瓢泼大雨。士兵们认为天气如此恶劣，总统肯定不会来亲自检阅队伍了。

然而，出乎士兵们意料的是，林肯仍然像平时一样站在台上，向经过的士兵们挥手致意。很快，林肯的衣服被淋透了。他身边的人担心林肯着凉生病，劝他去房间里避雨。林肯却坚定地说："我们的每一个士兵都如此勇敢，我也不能示弱。"在听到林肯对自己的赞美后，战士们更加士气高昂，乐队也奏得更加宏伟雄壮。

在鼓舞士气时，林肯亲口对将士们说："你们所从事的事业是伟大神圣的，你们为了支持政府，每天做着最艰苦的工作，你们应该得到最伟大的奖赏。对于你们的付出与贡献，国家永远不会忘记，同样，人们也永远不会忘记！"

拿破仑曾说："为了荣誉的彩条，士兵打仗时会更加持久、卖力。"

我认为拿破仑这句话不仅适用于战场，同样适用于对员工的管理。如果管理者能够对下属给予恰到好处的激励与赞美，不但能够迅速地排解他们的消极情绪，而且能够激发他们工作的热情。美国钢铁公司的第一任总裁查尔斯·史考伯曾经说："能把员工鼓舞起来的能力，是我拥有的最大资产。而使一个人发挥最大能力的方法，就是赞赏和鼓励。"所以，作为一名管理者，无论你是哪一级别的领导，都不要对下属吹毛求疵，而要学会用欣赏、鼓励、赞美的语言与对方交流。

当下属表现出色时，你可以鼓励他说："好样的，太棒了！"当下属不小心犯了错误，你可以告诉他问题出在哪里，应该怎么改正错误，但千万不要过于严厉地批评他。因为管理者如果一味地对下属挑毛病，会使下属产生逆反心理，从而挫伤他们工作的积极性。由此可见，唱红脸的最大秘诀就是正面激励，让下属的心跳永远处于亢奋和激动之中。

唱白脸秘诀——利用“害怕失去”的心理负面激励

说到负面激励，在这里我首先要给大家讲一个经典的哲理故事：

有一天，主人骑着自己的马去看赛马会。在回去的路上，主人颇有感慨地对自己座下的马说：“亲爱的马呀，你看看赛场上的骏马们，它们个个都有着腾云驾雾、追风撵月的本领。可是回头再看看你，走起路来慢吞吞的，活像一头走不动的老驴。若不是我对你熟马难舍，就真的把你卖掉，然后再换一匹好马。哎，我的马呀，你就不能争争气吗？”

马听到主人对自己的不满意，生气地反驳道：“你怎么能让我跟那些骏马比呢？它们的装备可比我强很多倍呀！咱们先说马鞍吧，你看它们的鞍子是多么的明光锃亮。”主人略有歉意地说：“也是，也是。我也将会为你配一副好的马鞍！”

很快，这匹马也拥有了和骏马们同样明光锃亮的马鞍，可是它奔跑的速度依然如故。这时，马的主人又对马发起牢骚：“我亲爱的马呀，好的马鞍我也给你配上了，可你为什么走路的速度还是缓慢如初呀？”马不耐烦地说道：“你不就只给我配了一副马鞍吗？可是我的装备比骏马们还差很多！比如，我的辔头就不如它们的！”于是，主人又给马配了新的辔头……

总之，这匹马提出什么样的要求，主人都是尽力满足。然而，令主人百思不得其解的是，这匹马的奔跑速度却没有任何长进。苦恼的马主人去找朋友诉苦：“我的马拥有了骏马所拥有的一切，可它为什么却不能变成一匹驰骋千里的骏马呢？”

朋友告诉马主人说：“因为你的手中还缺少一根鞭策它向前奔跑的鞭子！”

从这个故事中我们不难发现，无论一个员工对你有多重要，作为管理者都不应该无原则地满足他所有的要求。对员工毫无原则地迁就和满足，不但不会激励其更努力地工作，反而会打消他们工作的积极性。

在现代企业管理中，合理的激励制度可以最大限度地激发员工工作的潜能和创造力，从而使一个企业在本行业中更具竞争力。如果详细划分的话，激励机制又分为正面激励和负面激励两种。所谓正面激励，即管理者通过奖励、鼓励、肯定等积极的方法来激励员工更努力地工作。一般来说，正面激励在激励机制中处于主导地位。所谓负面激励，是对员工不正当行为的处罚与否定，从而对员工的错误行为起到约束作用。正负两种激励之间具有相互促进、相辅相成的作用，缺少任何一种，就会使激励制度失去平衡。

我认识一个朋友薛飞，他在某城市开了一家大型的购物超市。开业的前几个月，由于附近没有大型超市，所以生意很是兴隆。薛飞本来就是一个豪爽之人，发现超市每个月的利润不错，在给员工发工资时，除正常的工资之外，总会给每个员工发数目不小的奖金。

然而，在薛飞的超市营业半年之后，附近又开了一家大型超市。那家新开的超市，为了拉拢客户，经常搞促销活动，甚至很多商品的价格比进货价格还低。就这样，薛飞超市的很多老客户都去新开的超市购物。

一个月的时间下来，薛飞发现当月的盈利，除了房租和员工的工资外，几乎所剩无几。自然，薛飞不可能像以前那样，给每一个员工发很多的奖金。员工发现自己与原来付出了同样多的劳动，得到的报酬却不如原来，于是工作的积极性开始降低，对顾客的服务态度也不如以前了。

薛飞没有办法，只有通过惩罚的办法来约束员工的行为。谁知，惩罚政策出来的第二天，超市里的所有员工集体罢工。可以说，员工们的这种行为让薛飞很是伤心。他不明白，为什么从前自己对员工那么好，而员工却不能理解他的难处，甚至在他最需要支持的时候开始纷纷辞职。

薛飞的超市之所以走到这一地步，说明他在员工管理上出了问题。比如，在对员工进行激励时，薛飞只进行正面激励，而缺少正当的负面激励。当问题出现以后，薛飞才开始用负面激励来约束员工的错误行为。可以说，薛飞这种大跨度的态度改变，使员工们很难接受，于是便出现了员工集体罢工、集体辞职的结局。这便是激励机制失衡所致。

当薛飞意识到这一点，解决问题的方法也就找到了。首先，薛飞要把对员工的正面激励进行循序渐进的递减。比如，如果上个月员工的奖金是500元，这个月可以是400元，下个月是300元，并逐渐恢复到正常的奖金范围。另外，在减少正面激励的同时，还要辅助以负面激励，并以公司制度来约束员工的不当行为，当员工的行为触犯了公司制度时，应采取相应的惩罚措施。

在对员工管理过程中，负面激励的案例很多。比如，中南控股集团的管理者就非常善于运用负面激励策略。中南管理层制定了一系列的规章制度，只要有人违反了制度，不管他的级别有多高，权力有多大，都会受到相应的批评、惩罚、记过、降级等处分，严重者甚至会被开除。而且在执行过程中，中南的管理者始终坚持严格、平等、不留情面的原则。

在管理中，很多领导者总喜欢用正面的、积极的方式来激励员工。然而，很多案例事实证明，领导者对下属的正面激励不可过了头。管理者只有把正面激励和负面激励结合运用，才能够真正地激发员工的积极性。也就是说，让员工真正地意识到：如果你干得好，就会得到正面的奖励，而且受到众人的尊重；如果干得不好，就会受到相应的惩罚，你不仅不会得到应有的奖励，而且会失去你原本拥有的一些东西。

唱白脸的秘诀其实并不复杂，根本就在于如何利用好每个人具备的“害怕失去”的本性，失去什么有时候比得到什么更能撼动人心，所以一般效果也往往立竿见影。比如作为高层管理者，可以对中层员工实施这招，就是说如果你不好好工作的话，可能会失去你原本的位置。因为基层员工中优秀的竞争对手正不断涌现，每个人都会为了保住自己的位置而拼命工作，这个道理就像上一届奥运冠军为了再次卫冕会竭尽全力、不惜劳苦。

红白脸结合法——“成长需求”的综合激励

红白相互结合才是红白脸管理策略运用的主旋律。从某种意义上说，红白结合就是我们在这里所提倡的“综合激励法”，其实就是我们常说的奖罚相结合、批评与表扬相结合的激励方法。

在古代，人们就已经意识到奖罚分明的重要性了。

有一次，魏惠王问大臣卜皮：“你担任地方官多年，平时与百姓接触的机会也最多，应该听到过百姓对寡人的不满与批评吧？”卜皮回答魏惠王说：“他们都说大王您很仁慈。”魏惠王听后大喜，并说道：“如果这样的话，国家就一定能够治理好！”

谁料，卜皮却说：“不，大王，事实恰恰相反。咱们的国家将面临亡国之灾！”魏惠王听后愕然：“寡人以仁慈治国，难道有错吗？”卜皮向魏惠王解释说：“如果陛下只想给天下百姓留下仁慈的印象，就很难居人之上。如今，很多百姓、大臣犯罪，您却不忍心处罚他们，甚至常常对毫无功劳的百姓、大臣大加奖赏。可以说，这种过而不罚、无功而禄的行为，会让百姓看不起陛下。臣之所以说国家快要灭亡了，就是这个道理。”

可以说，奖罚分明是历代君王打拼天下、治理国家的重要法宝。对于一个国家来说，如果君王做不到奖罚分明，那么有功劳的将士、大臣们就得不到应有的奖励；而那些胡作非为、无法无天的坏人们也得不到应有的惩罚。久而久之，在社会上就会形成一种好人被陷害、坏人猖狂的黑白颠倒的局面，最终导致天下大乱。关于这种社会现象，后世有俗话说："修桥补路双瞎眼，杀人放火儿女多。"毫无疑问，这就是世人强烈愤懑情绪的一种抒发和流露。

古人尚且能够明白奖罚分明的重要性，作为一名现代企业的管理者，更应该懂得奖罚结合、奖罚分明对企业管理的重要性。在企业的团队管理中，奖励与惩罚是两种不可缺少的激励手段，如果管理者过度运用一种奖励手段而忽视惩罚手段，不但不能激励员工更努力地工作，反而会让员工在过度奖励中变得惰性和疲软。

在某单位，新上任的一把手是一个缺少管理经验的领导。为了让下属们愿意跟随自己，他便采用了"奖钱"的管理制度。比如，在开会时，对按时到会的人奖钱；在执行任务时，对完成任务的员工奖钱；如果有紧急任务需要加班，更是用金钱来鼓励员工加班。

刚开始时，员工们为了获得金钱上的奖励，还能够遵守纪律。然而，一段时间之后，员工们的责任感逐渐丧失，无论做大事、小事，都是一切"向钱看"。就这样，单位的每一个员工都越来越自私，根本不具有主人翁精神，甚至常常为了自己的利益，不惜损害单位的利益。可以说，这就是管理者对员工过度奖励而导致的恶果。

由此可见，红脸奖励法则不可滥用，一定要与白脸惩罚机制相结合。另外，管理者在对员工激励的过程中，要把员工的功和过分开来看，千万不要把它们相互混淆。比如，当一个员工在某 方面取得了突出的成就，而在另一个方面却犯了错误，管理者就应该对员工表现出色的地方给予表扬及奖励，并说明奖励的原因，同时对于员工的错误也要及时处罚，并使对方清楚自己被惩罚的原因。

肖华是一家平面设计公司的老总。一个月前，肖华的公司接到一个设计任务，对方要求在45天内完工。为了赶工作进度，负责这个设计项目的三名设计人员每天都加班加点。一个多月下来，只休息了两天。最终，这个项目提前10天完工，当把方案交给合作方时，对方非常满意。

作为老板，肖华对设计人员的出色表现很是感动，决定在下周总结会上对他们进行公开表扬。当天晚上，肖华由于把一份第二天早晨用的合同忘在了办公室，于是开车去了公司。当他路过设计部时，发现设计部的灯还亮着，他决定去慰问一下辛勤工作的员工。

可是，当肖华走到一名员工的电脑前时，却发现他并不是加班工作，而是干私活。另外两名设计人员看老板意外到来，也迅速关上了自己的电脑，从他们紧张的表情中可以推断，他们也不是在为公司的工作忙碌。

第二天，肖华把这三名设计人员叫到自己的办公室询问，他们交代说，是他们三人一起接的一单私活。这三个员工为了相互交流，每天下班之后，都会在公司里加班到很晚。按照公司的规定，员工利用公司资源干私活，这是违反公司纪律的，应该受到警告处罚。然而，从另一个角度考虑，这三名员工预期完成了工作任务，并得到客户的高度认可，应该给予嘉奖。所以，作为管理者的肖华，对这件事情应该如何处理感觉有些为难。

不过肖华也是一个做事果断的领导者，他决定对这三名员工该奖则奖，该罚则罚，并做到奖罚分明。对于他们提前完成任务，肖华按照公司的规定，给予他们物质上的奖励与公开表扬。同时，对于他们利用公司资源做私活的错误行为，也给予了适当的惩罚与批评。

俗话说：“国有国法，家有家规。”对于一个企业来说，管理者也应该做到严格按照公司的规章制度办事，并对员工的行为做到奖罚分明。

反之，如果管理者对员工的行为不管不问，在该奖励时不及时奖励，在该惩罚时不严格惩罚，则会使优秀的员工丧失工作的积极性，同时也会让那些违法乱纪的员工越来越猖狂。

作为管理者应该明白，奖励和惩罚是两种不同的激励机制。在对下属管理的过程中，奖励固然会激发员工工作的积极性，但是适时的惩罚却可以告诉那些犯错的下属他们错在哪里，防止他们下次再犯同样的错误。另外，这种对犯错员工的负面激励，也是其他员工行为的“警戒线”，可起到一种“杀鸡儆猴”的警示作用，从而有效引导和规范全体员工的行为。

第六章

红白脸推拿术

巧妙运用红白脸，让你赢得神不知鬼不觉

*

红脸是白脸的克星，白脸也是红脸的克星。无论红脸还是白脸，运用之妙，存乎一心。当我们通过本章掌握了红白脸推拿术，就可以进可攻、退可守，从而赢得神不知鬼不觉！

对症下药来管理——红克白，白克红

《孙子兵法》中说："柔能克刚，弱能制强。"《道德经》也云："柔之胜刚也，弱之胜强也，天下莫不知。"从古人的言语中不难看出，以柔克刚是一种充满智慧的谋略。在具体运用中，以柔克刚的表现形式各不相同，但其共同点都是倡导以谦让、柔和的方式来战胜对方。

有一次，明武宗朱厚照去南巡，并派东厂提督江彬随行护驾。然而，江彬早已有了谋反之心，所以在护驾时所率领的都是西北地区高大威猛的将士，以便为自己的造反做准备。然而诡计多端的江彬却万万没有想到，兵部尚书乔宇早已看出了他的谋反之心，于是便从江南精心挑选了100名矮小机灵的拳脚高手同去随行。

在南巡期间，乔宇向江彬提议，让江南拳师与北方壮士比一下武艺。在较量过程中，江彬率领的将士屡战屡败，个个都偃旗息鼓，毫无斗志。见此情景，原本骄横跋扈的江彬只好放弃自己谋反的想法。

在这个故事中，乔宇与江彬的较量并没有动用一刀一枪。相反，乔宇是以江南拳师的“矮小灵活”战胜了西北将士的“高大威猛”，并从心理上战胜了江彬。这就是“以柔克刚”的作战策略。

其实，在现代企业管理中，“以柔克刚”的招数更是管用。尤其是女性管理者，可以运用红脸克白脸的方法化解很多矛盾。一般来说，如果某个公司的管理层是女性，这会让很多男下属不服气。男下属或许会认为，我作为男人，却要屈尊于女人之下，从而使他们的自尊心受到伤害。这个时候，作为女领导，如果总是对男下属吆三喝四，则会激发男下属的逆反心理。反之，如果女领导能够以柔克刚，用红脸管理方式与男下属沟通，他们则会对你俯首帖耳、毕恭毕敬。

我朋友的女儿倪倩留学归来，进入一家外企，并一步到位地进入管理层。在倪倩刚上任时，很多男下属都对她很不屑，觉得这个年纪轻轻的小丫头，凭什么来管男人？当然，倪倩在留学读博士时，学的就是管理学，自然有办法处理好这些问题。

倪倩心里明白，男下属之所以对自己有看法，是因为这些男士们的自尊心受到了打击。所以，在与男下属相处时，倪倩总是表现得很随和，即便有男下属在工作上犯了错误，她也很少对他们大发雷霆，而是心平气和地分析和解决问题。

慢慢地，这些男下属们都觉得，自己的女上司虽然年轻，但是在管理上却很有一套。所以，男下属们也都服从了她的管理。

可以说，这便是管理中“以柔克刚、以红克白”的经典例子。“两虎相争，必有一伤”，这句话告诉我们，在对下属的管理中，硬碰硬不仅不能解决问题，反而会使彼此的矛盾更加激化。

任何事情都不是绝对的，随着形势的变化我们应该学会具体问题具体分析，对症下药来实施自己的管理手段，不仅红脸是白脸的克星，同样白脸也可以是红脸的克星。一般来说，红脸是温柔的一方，很多时候也是一个“温柔的杀手”。如果对方对你实施红脸策略，我们要对对方的行为保持足够高的警惕，然后用攻击性强的“白脸战术”一举击破对方。

在很多商业谈判中，经常会出现这样的情景。谈判一开始，对方就开始唱红脸，给你戴高帽，使你掉入“温柔陷阱”之中，以便达到自己的目的。这时，作为谈判的另一方，一定要对对方的行为进行冷静的思考，并用白脸策略不讲情面地点破他们的阴谋诡计，从而使自己处于谈判的主导地位。这在红白脸法则运用中属于“白克红”的情况。

这里需要提醒的是，在运用白脸克红脸的计策时，一定要善于把握时机。比如，你可以在对方唱红脸的过程中适时地唱白脸，也可以在对方唱完红脸准备唱白脸时，先下手为强地把白脸唱起来，从而使自己在商务谈判中始终掌握控制权，而不是被对方牵着鼻子走。

总之，无论是在管理中，还是在谈判中，红白脸都是一种绝妙的策略，它们既可以组合在一起使用，同时又是克制对方最有效的方法。其实，在具体运用中，不管你用哪种方法遏制对方，其首要问题就是要做到对症下药。

人事分开唱——对人唱红脸，对事唱白脸

在中国，有一个成语叫“爱屋及乌”，就是说一个人因为爱上某个人，连带着喜欢与他有关的人或物。在管理中，我们也经常会发现类似的现象：如果管理者欣赏某个下属，就比较容易认同并接受这个下属的观点和想法；如果管理者不喜欢某个下属，即使这个下属提出的观点正确，管理者也会找各种理由否定。其实，这就是我们通常所说的“对人不对事”。

与“对人不对事”的观点刚好相反，在管理学中还有“对事不对人”的说法，这是众多管理学家主张并推广的管理定律之一。尤其是在美国，他们做事的原则是：“人是人，事是事”，所以他们在处理问题时只考虑事情本身，而不会过多地考虑人情因素。不过在中国社会则不同，中国人总会自觉不自觉地用“对人不对事”的方法来解决问题。比如，中国人常说的“熟人好办事”“不看僧面看佛面”等口头禅，都充分证明了中国人“对人不对事”的做事风格。

有一次，我与一个从事管理工作的朋友聊天，朋友向我说：“上周，

我把一个重要的工作任务交给一名我极其欣赏的员工，但他并没有如我期望的那样超标准完成任务。我可以理解，最近由于他父亲患病，没有把更多精力用在工作上，但从原则上来说，他毕竟没有把该做的工作做好。对于这件事情，我一直纠结，不知道该不该批评他。”

其实，在管理工作中，很多管理者会遇到与我这位朋友相似的问题。比如，当自己器重或者曾经有过功劳的下属犯了错误，虽然管理者心中有着十二分的不满，但又担心批评下属会伤和气，甚至会导致下属离开公司。于是，自己只好对这类下属的错误睁一只眼闭一只眼。

一旦管理者对下属的错误采取听之任之的态度，新一轮问题又出现了。那些犯错而没有受到惩罚的下属，开始对自己的错误不以为然，甚至放纵自我、我行我素。当其他员工看到这种现象，则会错误地认为："只要我曾经立过功，公司就会无条件原谅我的错误。"

所以，一个管理者要想让下属服从管理，就一定要做到"对事不对人"。"对事不对人"的管理理念，用红白脸管理艺术来理解则是：对人唱红脸，对事唱白脸。围绕这一出发点，我们凡事要遵循公平原则，在对待下属时要做到一视同仁。在这一点上，百度公司做得恰到好处，当员工在工作中出现失误时，他们懂得对事唱白脸，而对人则坚持唱红脸。

2002年是百度飞速发展的一年，一方面要面对自身流量带来的用户，另一方面又要为合作的其他门户网站提供搜索服务。当时，负责网站服务器管理的是Dan，他几乎整天都盯着百度的服务器，恨不得连眼睛都不眨。因为当时的访问量已经逼近了极限，一旦继续增加，百度的服务器就会不稳定，并可能导致搜索引擎的不顺畅。

可是，偏偏在这个紧要关头，百度的销售部又谈成了一个新项目，对方希望百度立马建立一个自己网站的搜索链接。这样一来，Dan面临的压力更大了。按照Dan当时的想法，这个项目是绝对不能上的，因为这个项目一旦上线，百度的客户访问量必然会大大增加，这将可能导致服务器瘫痪。果不其然，新项目上线以后，访问量急剧增加，并很快压垮了百度的服务器。结果新项目上线第二天，就被迫下线了。

发生这样的事情以后，Dan很不安，他做好被批评的准备，因为他知道一向严谨的领导是绝对不允许服务器发生故障的。如今发生了这样的事情，就等于触犯了公司制度的底线。

为了尽快解决问题，公司召开紧急会议。在会议上，领导很严肃地对Dan说：“你的职责就是维护服务器的稳定，现在出了这样的问题，很大一部分责任都是你的，所以你要深刻反思。”随后，领导把话题一转，说道：“现在讨论是谁的责任已经不重要了，重要的是我们要以最快的速度找到解决问题的方案。Dan，关于这个问题，你有什么看法？”

听领导这么一说，Dan开始详尽地说出自己准备好的解决方案。等Dan说完以后，领导认真地跟大家讨论其操作过程中的一些细节，最终认同了Dan提供的解决方案。

会议结束后，Dan仍然在为自己没有尽好职责而自责，这时领导却主动凑过来跟Dan说：“这个周末有空吗？”看上司的表情，好像什么事情都没有发生。上司继续说：“如果有空的话，一起去打真人CS吧！好久没玩过了。”听领导这么说，Dan如释重负地回答：“有空有空，我再去约几个人！”此时，Dan内心的包袱完全放了下来。

可以说，百度之所以能发展成国内首屈一指的搜索引擎公司，不仅仅是因为他们拥有一批熟练掌握网络技术的团队，更重要的是百度公司的管理者具有卓越的管理能力。在面对员工的错误时，他们懂得对事唱白脸，而对员工唱红脸。如此一来，既能有效处理问题，又能不伤和气。

对事不对人，是每一名管理者都应掌握的管理技巧。这要求管理者在批评下属时要尽量就事论事，该唱红脸的时候决不要白脸出场，千万不要把下属犯的错误上升到人格、道德层面，而是用红脸宽慰对方的心，让对方进一步努力工作，为企业做贡献。

掌握红白脸平衡术——慈母手中的利剑

无论你是一统天下的帝王，还是一个公司的管理者，要想真正驾驭下属，除制定一系列切实可行的奖罚制度之外，更需要懂得御人之术。比如，在与下属相处时，要懂得软硬兼施、恩威并施，做到该“恩”的时候恩，该“威”的时候威。换句话说就是，要掌握唱红白脸的平衡术，该唱红脸的时候唱红脸，该唱白脸的时候唱白脸。

说到恩威并举，在这里不得不提一个人，那就是三国时期的诸葛亮，可以说他是最善于运用恩威策略的管理高手。看过《三国演义》的人，大都对诸葛亮七擒孟获印象深刻。在这一过程中，诸葛亮简直把恩威并举的计策运用得淋漓尽致。

东汉末年，正处于魏、蜀、吴三国鼎立的局势。当时，蜀国丞相诸葛亮受刘备托孤遗诏，并立志要北伐，以重兴汉室。在蜀国的南部，也就是云南与贵州交界的地方，少数民族酋长孟获叛乱，于是诸葛亮亲自率兵平息战乱。当时，就有人劝诸葛亮，要想消灭南蛮，只需派一个大将就可以解决问题，作为丞相的诸葛亮没有必要亲自去那个不毛之地。

而诸葛亮却认为，要想彻底解决南蛮动乱，就必须以收服人心为上策，并做到软硬兼施、恩威并举。

在第一次的较量中，诸葛亮就获得了全胜，并擒获了南蛮的首领孟获。被俘的孟获说诸葛亮靠诡计获胜，并不是真正的英雄。此时，诸葛亮并没有为难他，而是将他当场释放。放走孟获之后，诸葛亮找到孟获的副将，并对副将说孟获将这次叛乱的责任推到他的身上。副将听后大喊冤枉，于是诸葛亮也放了副将。

为了报复孟获，有一天副将把孟获请到自己的帐内，然后将孟获捆绑起来送到诸葛亮的营中。对于第二次被擒，孟获仍然不服气，于是诸葛亮又一次放走了他。对于诸葛亮第二次放掉孟获，所有的将士都想不通。诸葛亮对众将士解释说："以力服人，必将后患无穷。只有真正地做到以德服人，才能够让对方心服口服！"

就这样，诸葛亮对孟获一次又一次地抓获，然后又把他释放。直到第七次，诸葛亮不仅擒获了孟获，而且俘虏了孟获的妻子和弟弟。同时，其他部落的人也都纷纷归顺了诸葛亮。在这种情况下，诸葛亮仍然没有对孟获以武力相逼，而是以礼相待。

最终，孟获被诸葛亮的行为感动，于是心甘情愿地归顺了蜀国。从此之后，蜀国南部变得平静下来。

古人云："得人心者得天下，失人心者失天下。"这句话告诉我们，无论是带兵打仗，还是管理一个团队，都要做到攻心为上。而攻心为上的最好策略则是恩威并举、软硬兼施。尤其在现代管理工作中，领导者要想真正地驯服下属，就必须要善于交替去用"武力"与"怀柔"的手段。

比如，当管理者发现下属对工作缺少激情、毫无斗志时，就必须用"威"的手段向对方施加压力，使下属心中产生一种危机感。当"威"的手段达到一定效果后，则可以用"恩"的手段来安抚下属，使下属感受到你对他的关心。用松下电器公司创始人松下幸之助的话来说，这种

“恩威并施”的管理方法就是慈母手中紧握的利剑。

1918年，松下幸之助在日本大阪创立了松下电器公司。刚开始，松下主要经营电灯、灯座等产品，后来又扩展到电视机、数码相机、笔记本等电子产品。松下电器公司之所以能够如此迅速地发展壮大，与创始人松下幸之助卓越的管理能力密不可分。

在对员工的管理上，松下幸之助始终坚持“以和为贵”的理念，所以他对员工的工作、生活都非常关心。然而，当员工犯了不可饶恕的错误时，他绝不会纵容，而是对他们采取严厉的批评、惩罚。

三洋机电公司的副社长后藤清一，在年轻时曾经在松下公司任职。有一次，后藤清一没有经过松下幸之助的允许，擅自修改了承包定额单价。松下幸之助知道这件事后非常生气，于是派人叫后藤清一来自己的办公室一趟。当后藤清一来到松下幸之助的办公室，松下幸之助正与客户聊天。一看推门进来的是后藤清一，当场对他大声训斥起来。坐在旁边的客人实在看不下去，帮后藤清一求情，但松下幸之助却不给面子。

当着众人的面，松下幸之助一边训斥后藤清一，一边拿起火钳用力地敲打火炉。连续敲了几下，火钳被敲弯了。这时，松下幸之助愤怒地把火钳扔到后藤清一脚下，然后生气地冲后藤清一说：“请把火钳弄直了，再来见我！”

谁料，后藤清一本来就有贫血的毛病，再加上情绪紧张，一下子晕倒过去。松下幸之助见此情景，立马派人把后藤清一送往医院，并叮嘱陪同的人好好照顾后藤清一。由于担心后藤清一的身体，松下幸之助一晚上都没有休息。

第二天天一亮，松下幸之助就打电话慰问后藤清一：“后藤吧？你现在身体好些了吗？昨天晚上我实在太冲动了，希望您不要介意！”后藤清一一听是领导松下幸之助打来的电话，刚开始时还有些生气。但听到领导对自己的关心与问候之后，他的怨气也就烟消云散了。

在对待下属时，如果管理者自始至终都采用强硬的态度，也许下属会对你产生一种惧怕感，但绝对不会从心理上服从你；反之，如果管理者总是以软和柔的态度对待下属，则会使整个公司处于一种无原则的混乱状态。所以说，管理者只有做到恩威并济、软硬兼施，才能够把握住红白脸管理艺术的平衡点。

唱红脸时，可借互惠原理说服对方

在现实中，绝大多数的人都有过这样的感受：当别人无条件地帮助我们，或者对我们有所恩惠时，我们内心总会情不自禁地想回报对方，占便宜的滋味一点儿都不好受。其实，这就是心理学中常说的互惠原理。

俗话说："你敬我一尺，我还你一丈。"从小时候开始，我们就开始根据互惠原理来行事了。幼儿园里的一个小朋友给你一块糖，明天你就还给他一张植物大战僵尸的卡片。后来，一天天长大，当你过生日时朋友送了一份精美的礼物，此时你也会有意识地记住对方的生日，并准备在对方过生日时也送一份同等价值或更高价值的礼物。进入职场，乃至在更广阔的世界里打拼，互惠原理更是强烈地体现出来。从某种意义上说，礼尚往来是符合人性规律的一种社会潜规则。

在实际运用中，互惠原理并不是次次都奏效，但在大部分时间里，互惠原理都在左右着我们的心理和行为。下面我给大家讲一个有关募捐的真实故事。

美国残疾人退伍军人协会，多年来都是用筹款信的方式来筹集善款。据统计，当募捐信发出后，捐款的回复率一般在百分之十八左右。后来，协会为了感谢捐款人，也为了筹集到更多的善款，在寄出筹款信的同时，随信附送一份精心准备的小礼物。也正是这小小的一个举动，却使捐款的回复率从原来的百分之十八增加到百分之三十五。

在募捐这件事上，美国残疾人退伍军人协会巧妙运用了心理学中的互惠原理。为什么互惠原理具有如此大的威力呢？其根本原因在于，当一个人接受他人的恩惠后，内心会产生一种难以忍受的负罪感。为了尽快卸掉这种心理负担，他就会主动给予对方更大的好处。如果你掌握了利用互惠原理的技巧，那么就可以让你的事业和生活更加顺利。

从广义上来说，所谓互惠原理就是当一个人对我们采取了某种行为时，我们也会以类似的行动回报对方。比如，当两个人进行谈判时，如果一方主动做出了让步，对方也有义务做出相应的让步，我们并把这种互相退让的谈判称之为“互惠式谈判”。

互惠式谈判最早由美国哈佛大学的教授荣格·费舍尔提出。1959年，费舍尔教授开始在哈佛大学就职，并从事谈判理论的研究与谈判实践总结。在费舍尔教授的倡导下，1979年，哈佛大学法学院与商学院的学者们共同成立了一个谈判研究小组。他们会定期召开会议来讨论谈判与冲突的问题，可以说这就是哈佛谈判项目的雏形。而在哈佛谈判项目所提出的众多谈判理论中，最著名的则是费舍尔提出的互惠式谈判。

在传统谈判中，人们将谈判分为软式谈判和硬式谈判两种方式。所谓软式谈判，又称为友好型谈判。在软式谈判中，谈判双方为了达成合作协议，总是尽量避免冲突，甚至会做出无原则的让步。而所谓硬式谈判，又称为立场式谈判。在硬式谈判中，谈判者常常把对方当作敌人，并认为这是一种意志力的竞争，只有立场坚定的一方才会赢得谈判。所以，在硬式谈判中，谈判者为了尽可能争取己方的利益，总会想方设法地来压倒对方。

荣格·费舍尔认为，无论是软式谈判还是硬式谈判，其谈判方法都是不合理的，真正合理有效的应该是互惠式谈判。在互惠式谈判中，谈判双方既不是势不两立的敌人，也不是不分彼此的朋友，而是互惠互利的合作者。所以，互惠式谈判既不会像软式谈判那样为了维护双方的关系而不惜损害己方的利益，同样也不会像硬式谈判那样过度强调自己的利益而忽视对方的利益。互惠式谈判要求关注自己利益的同时也关注对方的利益，尽量达成双赢的谈判结果。

要想做好互惠式谈判，我们必须学会唱红脸的策略，但同时又要唱白脸，以保持自己的原则和立场，而不能沦为一味讨好。互惠式谈判既不像软式谈判那样毫无原则，也不像硬式谈判那样态度过于强硬。在谈判过程中，互惠式谈判始终坚持公正、公平的谈判原则。一般来说，互惠式谈判具有以下特征：

第一，在谈判过程中，谈判者始终坚持对人温和、对事强硬的谈判态度，并做到把人与事分开对待。

第二，在互惠式谈判中，谈判双方始终坚持公平、公正的谈判原则，而不是靠在某些问题上的讨价还价来赢得谈判。

第三，谈判者会尽力消除双方的观点分歧，并寻找双方的利益共同点，而且以双方互利互惠为谈判的最终目标。

总之，无论是在商业谈判中，还是在日常的人际交往中，要想在不危害对方利益的情况下达到自己的目的，就要学会用互惠的观点来说服对方，并最终达到双方满意的结果。

必要的“拍桌子”比一味地“拍胸脯”更利于解决问题

不管在影视剧中，还是在现实生活中，我们会经常看到“拍桌子”和“拍胸脯”两种截然不同的身体语言，一个是气愤难耐、火冒三丈，一个是热情似火、慷慨承诺。在这里，我们提到的“拍桌子”与“拍胸脯”，代表了两种不同的态度。所谓“拍桌子”，即管理者唱白脸，用“威”的方式来震慑下属；而所谓“拍胸脯”，即管理者唱红脸，用“恩”的方式来感化下属。

那么，在具体的管理过程中，究竟是“威”的作用大，还是“恩”的作用大呢？关于这一问题，韩非子曾说：“夫虎之所以能服狗者，爪牙也；使虎释其爪牙而使狗用之，则虎反服于狗矣。”其意思是说，老虎之所以能够降服狗，靠的是它锋利的爪牙。反之，如果让老虎拔掉爪牙，而让狗拥有爪牙，那么老虎就会被狗降服。韩非子的话告诉管理者，你的虎威要用唱白脸来体现，当下属在工作中出现严重错误时，决不能纵容姑息，而要做到严格处罚、以儆效尤，即用“威”的方式来管理下属。

在现代管理学中，很多管理学家都在提倡“人性化管理”。所谓人性化管理，即在管理的过程中充分注意到人性的要素，以充分开掘人的潜能为己任的管理模式。在这里，我们需要提醒的是，人性化管理并不是单纯指表扬、奖励、肯定等“恩”的管理方式，而是要做到恩情管理与威严管理相互结合，并把握好“恩”与“威”的度。在这里，我们听一则寓意深刻的寓言故事。

在一片茂密的森林中，年迈的虎王去世，一只年轻的老虎继承了父亲的王位。这位年轻的虎王心想，我要用一种仁慈的方式来管理臣民，决不能像父王那样，每天都板着脸、端着国王的架子，以至于很多臣民都在背后非议它。

可是，如何做才能让自己成为一名仁慈的虎王呢？年轻的虎王思考了很长时间，也没有想到好的办法，只好向智慧的猫头鹰请教。猫头鹰告诉年轻的虎王说：“要想做一名仁慈的国王，就要走进你的臣民！”

从此之后，年轻的虎王开始了自己的“亲民行动”，它不是隔三岔五地请臣民们来自己的家中吃饭，就是与臣民们一起去游玩、聚餐、唱歌、跳舞。在刚开始时，这些动物们还都对新虎王心生畏惧，但一段时间之后，动物们不再惧怕它了，而是与年轻的虎王打成一片。偶尔，这些动物们还会和年轻的虎王开玩笑，甚至还会捉弄它。

又过了一段时间之后，年轻的虎王发现这些动物们越来越不听自己的话了。有一次举办舞会，年轻的虎王让百灵鸟献歌一首，百灵鸟却不耐烦地说道：“我今天心情不好，不想唱，改天再唱吧！”还有一次，年轻的虎王让孔雀跳一支舞，孔雀却拒绝它说：“现在没心情，等有心情了再跳吧！”

面对越来越难管的臣民，年轻的虎王束手无策，只好又去向猫头鹰请教。猫头鹰告诉它：“在管理臣民的过程中，你做到了仁慈，但却放弃了国王的威严！”于是，年轻的虎王一改“仁政”，准备用“杀一儆百”的手段来重树自己的威严。

第二天，年轻的虎王传令所有动物的首领来自己的王府集合。这些首领们以为虎王又要大摆筵席来招待它们，于是都兴冲冲地来了。可是，当它们到了虎王的王府之后，却发现大厅里空空荡荡，什么好吃的、好玩的都没有。于是，有动物生气地质问虎王："什么吃的都没有，请我们来干什么呀？"

年轻的虎王严肃地说道："本王仓库里的食物吃完了。今天请大家来，并不是让各位来赴宴的，而是让你们来帮我筹集粮食。"接着，虎王安排众动物说："狼，你去帮我抓两只肥羊回来；松鼠，你去帮我弄十瓶好酒；野狗，你帮我捉五只兔子……"

还没等虎王吩咐完毕，狼就生气地向虎王大嚷道："这种事情你只需要命令我手下的人去就行了，还要麻烦我亲自来？我家里还有事情，我先回去了！"说着狼就往外走。这时，虎王立马厉声训斥道："狼，你竟敢违抗本王的命令？你难道忘记了，违令者必死！"狼不理会虎王的话，继续向外走。

这时，虎王猛地扑向狼，用锋利的牙齿咬破了狼的喉咙。一瞬间，狼便命丧黄泉。看到这一幕，在场的动物们都惊呆了。随后，虎王对动物们说道："我老虎不发威，你们都以为我是一只病猫是吧？！"果然，虎王这种"杀一儆百"的效果非常奏效。从此之后，没有哪个动物再敢违抗它的命令了。

其实，故事中虎王遇到的问题，也是每一个管理者所面临的问题。在具体的管理工作中，有人主张要"慈悲为怀"，也有人说"慈不掌兵"，正所谓"不行霹雳手段，何以显菩萨心肠"？这就要求管理者要把握好"恩"与"威"的度，并遵循"恩宜自薄而厚，威须先严后宽"的原则。也就是说，在进行恩情式管理时，应当循序渐进，一点一点地施恩，否则将会出现"斗米养恩、担米养仇"的不良结果；而在进行威严式管理时，一定要从严开始，然后逐渐放宽处罚，只有这样，才能收服人心。

在对下属的管理中，做到以"威"慑人并以"恩"感人的管理者大有人在，而唐太宗李世民则属于其中的楷模。

尉迟敬德是唐朝的一名大将，他对李世民忠心耿耿，并为李世民夺得皇位立下了汗马功劳。李世民登基之后，并没有像刘邦那样对开国大臣大肆残杀，而是诚心善待自己的部下。但这并不能说明李世民是一位对下属只“恩”不“威”的皇帝，在关键时刻，李世民也善于用“拍桌子”的方式来解决问题。

有一次，在朝堂的宴会上，尉迟敬德因为座位顺序问题闹起了情绪。刚好，李世民的堂弟李道宗坐在尉迟敬德的旁边，他看尉迟敬德的行为有些过分，就过来劝说。谁知尉迟敬德不知好歹，却把李道宗的眼睛打伤了。

事情结束之后，李世民把尉迟敬德叫到自己的身边。在聊天的过程中，李世民对尉迟敬德说：“我在阅读汉代史书时，发现刘邦杀了不少功臣。当时我还在责怪刘邦这皇帝当得不够仁义。所以，自我登基以来，就决定不杀戮任何一名功臣。然而，你作为我身边的大臣，却经常触犯国法，让我左右为难。此时，我才真正地理解刘邦，原来他杀掉功臣，也是不得已的事情！”

尉迟敬德听李世民这么一说，立马吓出了一身的冷汗。稍微镇定一会儿之后，尉迟敬德脱下自己的衣服，露出的是大大小小十几处伤疤。这所有的伤疤都是尉迟敬德为了保护李世民而留下的，所以李世民看后也相当感动。后来，李世民担心尉迟敬德因为冲动而丢掉性命，不再委任其实权，但仍然给予他荣华富贵的生活。

从这件事情上不难看出，作为管理者，只是心有恩德是不够的。除此之外，还必须要握紧手中的那把“剑”。当下属做了违法乱纪的事情时，要立马用“威”的方式来镇服他们。也就是说，管理者在与下属相处时，要尽可能建立一种和谐的工作关系。但是，一旦有人敢挑战领导者的权威，就一定要用“拍桌子”的强硬手段来惩罚他。因为，在很多时候，“拍桌子”比一味地“拍胸脯”更利于问题的解决。

如何唱“红脸”让犯错下属知过必改

袁绍病逝，曹操乘机消灭了袁绍的割据势力。随后，曹操收缴了一批自己手下将士、大臣们与袁绍秘密来往的信札。当时，曹操的下属们建议曹操按图索骥，并一一诛杀。而曹操并没有按照下属的建议去做，而是下令把所有的密信统统烧掉。

说起曹操，他最经典的一句话就是“宁可我负天下人，不可天下人负我”。从这句话中，我们不难看出曹操是一个心胸狭窄、心狠手辣之人。然而，曹操在处理大臣与袁绍秘密来信这件事情上，却表现出了自己作为领袖者的大度与宽容。可以说，也正是因为曹操的大度，才避免了一场大规模的屠杀，从而保全了众多将士、大臣们的性命，并为他后来争霸三国聚集了巨大的力量。

俗话说：“人非圣贤，孰能无过。”如果一个人能够对他人的错误持宽容的态度，其实也正是为自己多留了一条道路。在这里，我们来说一说发生在楚庄王身上的一件事情。

在春秋战国时期，楚国的国君楚庄王深谋远虑，豁达宽厚。有一天，楚庄王宴请文武百官，众臣开怀畅饮。楚庄王酒兴正浓，于是吩咐自己的妃子为群臣斟酒。突然，一阵风吹灭了所有的蜡烛。这时，有一个醉醺醺的大臣趁机调戏了楚庄王的爱妃。

妃子在慌忙躲闪中，扯掉了那个大臣帽子上的冠缨，并偷偷地把这件事情告诉了楚庄王。谁知，楚庄王对大臣调戏爱妃的事情只字不提，却命令众臣把帽子都摘掉，然后让宫女们重新点燃蜡烛，继续饮酒。

几年之后，楚国与其他国家发生战争。楚国大败，楚庄王不幸被敌军包围。在紧急关头，一员猛将冲杀过来，并最终把楚庄王从重重包围中解救出来。脱险之后，楚庄王准备重赏这位功臣，而这位大将却哭着对楚庄王说："当年调戏大王爱妃的人就是本臣，当时我认为自己犯了天大的错误，必死无疑。谁知大王您宽宏大量，原谅了我的错误。当您处于生死关头时，我怎能不拼死报君王之恩呢？"

从故事中我们可以明白，楚庄王以宽大的胸怀宽容了大臣的错误，而从另一个角度来说，他也以自己的宽容挽救了自己的性命。所以，无论你是统治一个国家的国君，还是管理一个公司的领导，都要学会原谅下属的错误。这正如管理大师彼得·德鲁克所说："从来没有犯过错误，也从来没有过失……这种人绝不可以信任，他或者是一个弄虚作假者，或者只做稳妥可靠的琐事。"

所以，作为一名管理者，要允许下属犯错。当下属不小心犯错时，管理者要以"红脸"的方式来安慰、鼓励对方，使他从内心深处意识到自己的错误。关于下属的犯错问题，通用公司的董事长杰克·韦尔奇认为："如果管理者过于关注员工的错误，就不会有人敢于在工作中尝试；如果没有人敢于尝试，就会使整个企业故步自封，不会有任何的愉悦与突破。可以说，这种因为害怕犯错而不敢前进的状态，比犯错本身更可怕。"

杰克·韦尔奇在通用公司工作的第三个年头，发生了一件令人恐怖不已的爆炸事件。当爆炸事件发生时，韦尔奇正坐在兹菲尔德的办公室里，他突然发现对面实验工厂的房顶被掀开了，房顶上的玻璃也都被震得粉碎。此时，韦尔奇迅速地离开办公室，向事发现场跑去。当他跑到事发地点之后，发现一大块天花板跌落在地上，而不幸中的万幸是，并没有人受重伤。

作为这次实验的负责人，韦尔奇负有重大责任。第二天，韦尔奇就开车去100英里之外的康涅狄格桥港，向公司的执行官查理·里德解释事故发生的原因。

可以说，当时的韦尔奇已经做了被辞退的打算。然而，让韦尔奇意想不到的是，查理·里德执行官并没有大声训斥自己，而是心平气和地对韦尔奇说："我关注的并不是这次爆炸发生的原因，而是你能够从这次事故中学到什么东西，是否能够正确修改反应器的程序。"总之，在与查理·里德谈话的过程中，韦尔奇没有感受到任何被批评的感觉，自始至终，查理·里德都在用充满理解的口吻与韦尔奇对话。

也正是因为这件事，查理·里德在韦尔奇的心目中留下了美好的印象。每当回忆此事，韦尔奇就会深有感触地说："当人犯错误时，最害怕发生的事情就是被惩罚。这个时候，他们最需要通过他人的鼓励来恢复自信心。"

古人语："知错能改，善莫大焉。"作为管理者，一定要懂得容忍下属犯下的错误。对于那些犯过错的下属，要学会既往不咎，并给他们将功补过的机会。这样一来，下属定会对你感激不尽，在投入工作时，也将是赴汤蹈火、全力以赴。

如遇不好答复时，可以“考虑考虑”“研究研究”为盾牌

无论是在管理工作中，还是在人际交往中，我们经常会遇到被他人请求帮助的事情。如果对方的请求确实不在你的能力范围之内，或者对方提出的请求比较过分，这就需要你敢于拒绝对方。

不过，在拒绝对方时千万不要用“不行”“不好”没得商量等冷冰冰的词语，而要学会委婉拒绝。比如，当有人求你帮忙时，你立马拒绝，对方就会觉得你这个人冷漠无情。这时，你可以用“考虑考虑”“研究研究”等词作为拒绝对方的盾牌。

刘旭浩是某工厂的车间主任。有一次，一名工人找到他，要求调换工种。作为车间主任，刘旭浩当然知道调换工种是一件相当麻烦的事情。但是他并没有直接拒绝对方，而是委婉地说：“调换工种涉及好几个部门，我个人无法做决定。不过我会把你的要求反映给厂里的人事部门，当讨论结果出来后，我再给你答复！”

作为车间主任，刘旭浩之所以这样回答工人，其目的是让对方明白

调换工种是一件比较有难度的事情，所以不能保证一定能够办成。换句话说，这件事情办不好在意料之中，让对方做好被拒绝的准备。这样一来，不但为自己争取了更多考虑问题的时间，同时也让对方感觉到你对这件事是认真的。

再比如，作为一名管理者，经常会遇到员工要求加薪的问题。面对这个问题，如果管理者开口就回绝员工，则会让员工对工作失去激情，甚至会导致员工辞职。然而，如果管理者对员工的加薪请求有求必应，这显然也是非常不现实的。此时，作为管理者，最明智的做法就是对员工说："我会把这件事情放在心上，等我考虑好之后再给你回复！"这样一来，你既为自己争取了更多考虑的时间，同时也让对方感觉到你对这件事的重视。一段时间之后，即使你由于种种原因没有办法满足对方加薪的要求，也总比直接拒绝对方好。说到拒绝他人的事情，我想到一位在汽车销售公司工作的朋友王冕。

王冕是一家汽车销售公司的主管。有一次，王冕在和一个大客户谈生意，当谈到汽车的生产成本时，这个客户突然向王冕提出要看一下他们公司的成本分析数据。

王冕当然清楚，成本分析是公司的机密材料，绝不可向外人透漏。但他并没有直接拒绝这位客户的无理要求，而是委婉地对客户说："现在我手里没有这些数据，等有机会了，我拿给你看！"知趣的买主知道王冕是在委婉地拒绝自己，从此以后也不再提起这件事情了。

以上两个案例告诉我们，无论是管理层对待下属，还是在与客户接触时，当遇到对方向你提出过分的要求而你又不好意思拒绝他时，不妨用"考虑考虑"或者"研究研究"这种模棱两可的方式来回答对方。这样一来，不但避免了直接拒绝对方的尴尬，而且使对方在等待的过程中逐渐明白你是在用委婉的方法来拒绝他。

那么，如何才能把拒绝他人带来的伤害降低到最低呢？下面我告诉大家几种巧妙拒绝他人的技巧：

第一，拒绝对方时，不要伤害对方的自尊。在这个世界上，无论一个人的身份是贵是贱、地位是高是低，他都具有一定的自尊心。所以，当我们拒绝对方时，一定要注意言语分寸，切忌用侮辱性或指责性的语言来拒绝对方。比如，当有人来你的公司应聘工作岗位，即使这个人表现得非常令你失望，也千万不能罗列出对方一大堆的缺点，然后逐客出门。此时，最明智的做法是，先称赞对方的优点，让对方感觉到你对他的欣赏，然后再指出他不适合公司岗位的地方。这样一来，即使对方应聘落选，也会因为你对他优点的肯定而对你感激万分。

第二，拒绝对方时，一定要做到态度真诚。我们之所以用“委婉迂回”的方式来拒绝对方，其目的就是把对方的痛苦降到最低点。所以，当我们因为种种原因不得不拒绝对方时，一定要做到态度真诚，并表达出自己内心深深的歉意。尤其在管理工作中，当领导拒绝下属时，切忌用盛气凌人的口气与对方说话，尽量用关切的口吻说明自己拒绝对方的理由，尽可能争取对方的谅解。

第三，拒绝对方时，要做到时机适宜。俗话说：“打人不打脸，揭人不揭短。”这句话告诉我们，要学会给对方留面子。作为管理者，在拒绝下属的不合理要求时，更要懂得时机适宜。比如，当下属在众人面前向你提出了无理要求，你没有必要针锋相对地当众拒绝，而是寻找一个合适的时间，然后把对方请到办公室，私下里拒绝对方，并讲明拒绝对方的理由。

以唱白脸的方式，营造一种不苟言笑的严肃氛围

中国伟大的思想家、政治家韩非子说：“严家无悍虏，慈母有败子。”这句话的意思是，在有严厉主人的家庭里，没有凶悍暴戾的奴仆；而溺爱子女的慈母，却往往养出不肖的败家子。

这个道理不仅适用于对孩子的教育，同样也适用于管理。一个管理者要想威慑下属，就一定要懂得在刚开始时唱白脸，营造出一种不苟言笑的严肃氛围。反之，如果一个管理者每天总是慈眉善目，下属则会认为你好欺负，自然会冒犯你。这就好比一只温顺的猫趴在炕上，每个人都敢摸一摸它的头，拍一拍它的屁股。如果趴在炕上的不是猫，而是一只瞌睡的老虎，又有谁敢去拍老虎的屁股呢？从某种程度上来说，让下属服从你最有效的方法，就是有时要用“威”的力量来震慑他们。

在管理工作中，很多人或许会片面地认为，爱发脾气的领导都是坏领导，不发脾气的领导都是好领导。其实，不发脾气的领导未必是好领导，爱发脾气的领导也未必是坏领导，只有“会发脾气”的领导才是好领导。如果你认真观察则会发现，那些脾气大的领导往往能力也强，他们不但能够带好队伍，而且能培养出更多优秀的人才。

通用电气公司的总裁杰克·韦尔奇曾经被《财富》杂志评选为“美国十大强硬的老板”之一，甚至有人指责杰克·韦尔奇，说他总是以批评、贬低、嘲弄、取笑等方式来对待下属。然而，令人吃惊的是，在世界五百强企业中，大约有170多位CEO是从通用公司走出来的。因此，有人把通用公司称为“人才机器”。

美国的第37位总统理查德·尼克松，在对待下属时，更是出了名的粗暴无理。当下属做错事时，尼克松经常会用“懦弱”“哑巴”“傻瓜”“品行不端的私生子”等具有侮辱性的词来辱骂下属。然而，正是尼克松这种粗暴无理的管理方式，为美国政府培养出了布什、亨利·基辛格、亚历山大·黑格、詹姆斯·施莱辛格、唐纳德·拉姆斯菲尔德、科林·鲍威尔等多位卓越的领导人。

在这里，杰克·韦尔奇和理查德·尼克松用事实证明，喜欢唱白脸、爱发脾气的领导未必就是坏领导。在管理工作中，我们也会遇到很多作风民主、尊重下属意见的领导，他们为了赢得下属的认可，总是一味地讨好下属，甚至纵容他们的错误。到头来，这样的领导不但没有获得下属的尊重，反而丧失了自己作为领导者的尊严和威信。

所以，从某种程度上来说，一个具有卓越管理才能的领导者，一定要“有脾气”，而且要“会发脾气”。那么，究竟什么样的领导才算得上“会发脾气”的领导呢？所谓“会发脾气”的领导，就是明白自己什么时候该发脾气，什么时候不该发脾气，在发脾气时应该发到什么程度，发完脾气之后应该如何妥善处理。

很多时候，我们都喜欢告诫自己（也喜欢劝告别人）要懂得“制怒”。但“制怒”并不是从来不发脾气，而是学会合理地发脾气。总之，作为一名管理者，要真正掌握唱白脸的技巧，营造一种不苟言笑的严肃气氛，从而增强自己的领导气场。

打破僵局——合理利用暂停，再由红脸调和

在日常生活中，我们时常会遇到话语“顶牛”的现象。很多时候，双方只是因为一言不合，最终形成了互不退让的“僵局”。这个时候，应该以什么方式来打破僵局呢？其实，打破僵局的最好办法就是合理利用暂停，把双方有争议的事情“搁置起来”，然后再由红脸出面调和解决。在这里，我们不妨举一个例子：

在某村庄，有一棵老枣树。这个枣树的树干长在王老大的院子里，而枣树的不少树枝却伸到了王老二的院子中。收枣的季节到了，王老大的媳妇和王老二的媳妇都来收枣，妯娌二人因为这事吵了起来。

王老大的媳妇说：“老二家，这枣树是我们的，你凭什么来收俺家的枣？”

王老二的媳妇也不甘示弱，争论道：“这枣树也不是你栽的，凭什么说这树上的枣是你家的？”

王老大的媳妇说：“当年分家的时候，公公可是说好的，房前屋后三丈以内的树木，是各归各家。这棵枣树长在俺家的院子里，自然就是俺家的！”

王老二的媳妇却说："这棵枣树的树枝，有一半伸到我们家的院子里，所以这枣也有一半是俺家的。你收你家的枣，俺收俺家的枣，谁也管不住谁！"

就这样，妯娌两个吵得不可开交，最后来找村主任评理。村主任了解清楚事情的缘由后，对妯娌两人说："你们不要为枣树归谁而吵了。现在最重要的事情，是要把树上的枣收了，你们两家各自收自己家院子的枣，好不好？"

从此之后，每到收枣的季节，妯娌两人不再因为争枣树的事情吵架了，而是各自收获属于自己的那部分枣。彼此间和睦相处、相安无事。

在解决妯娌二人争枣树的问题上，村主任确实无法判定这棵枣树究竟属于老大家，还是属于老二家。这个时候，村主任巧妙地把"争枣树"的问题搁置起来，让他们两家共同分享利益。此时，村主任便是合理地利用暂停的方法，打破了争执的僵局，并最终调和了妯娌二人的矛盾。

这种通过打破僵局来解决问题的方式，不仅被用到人际交往中，而且很多谈判高手在商业谈判中也喜欢用暂停的方式，以此来打破谈判过程中遇到的僵局，并最终达到成功谈判的目的。这种中间休会的谈判方式，不仅有利于谈判人员体力、精力的恢复，而且有助于谈判人员调解自我情绪，以及缓和谈判氛围。在这里，我不妨举一个谈判的例子：

林超是一名心理学家，同时更是一个谈判高手。有一次，一家生产电器的公司找到他，让他代替自己公司去跟经销商谈判。这是一家刚刚起步的电器生产商，产品的知名度还不高。为了打开市场，公司老板联系了当地一家极具影响力的经销商，希望与他们建立合作关系，并且势在必得。

林超知道这次谈判的任务十分艰巨，因为这家电器生产商并没有任何知名度，而且对方还是当地比较有实力的经销商，必会极力压低产品的价格。果不其然，谈判一开始，经销商就给林超这边一个下马威。当对方看到林超这边提供的产品报价单，极其不满地说：“这个牌子的电器我们没有听说过，怎么价格还这么贵呢？”林超解释说：“在报价之前，我们已经做了详细的调查，我们的价格已经比同类产品低了很多。这也正表明了我们对这次合作的诚意！”

虽然林超已经把话说到了这份上，但对方仍然以产品没有知名度为借口来压低价格。最后，对方竟然对林超说：“如果你方不同意我们的合作条件，那我们就只能放弃合作了！”一时间，谈判陷入僵局。为了打破僵局，林超对经销商说：“谈了这么久，大家也都累了，不如去放松一下。虽然在工作上出现了一些分歧，但出了这个会议室，咱们还是朋友嘛！”

在谈判暂停的空档里，林超又和老板商量了一下细节，然后在下半场谈判开始后，林超先发制人地说：“我们公司的确是想与贵公司建立合作关系，但如果再降低价格的话，我们就没有任何利润空间了。相信您也计算过，按照现在的价格合作，我们公司的利润就已经很薄了。如果我们找其他经销商合作，价格上绝对不可能这么低。”

就这样，经过一番周旋，经销商终于接受了最初的谈判条件，并顺利合作。

在谈判过程中，如果双方在某些问题上出现观点上的分歧，这时如果继续谈判，往往会适得其反，甚至会使谈判以失败告终。此时，最好的办法就是暂停休会，使谈判双方有时间冷静地思考问题。比如，当你再次走上谈判桌的时候，可以向对方解释：“您刚才提出的特殊要求本来是不可能解决的，但是我刚才向领导反映了情况，现在我们可以做出一定程度的让步……”

这样一来，你不但以红脸的方式解决了刚才难以解决的问题，同时也让对方意识到你对谈判具有极高的诚意，并做出了最大程度的让步，相信对方也一定能够做出相应的让步，最终双方在商业合作中各取所需，达成双赢之目的。

第七章

像变色龙那样幻化自如

将红脸、白脸集于一脸

*

一个人要想在错综复杂的社会中站稳脚跟，就一定要精通“变脸”之道。只有那些把红白脸集于一脸，该唱红脸时唱红脸、该唱白脸时唱白脸的人，才是一个真正高明的领导。

独唱团——将红脸、白脸集于一脸

中国有一个成语为“达权通变”，其意思是指，一个人要能够适应客观情况的变化，懂得变通，不死守常规。作为一名管理者，在面对形形色色的人时，一定要掌握一种“变脸”的技巧，学会像“千面观音”那样，用不同的面孔来应对不同的人。

在现实生活中，我接触过很多高明的管理者。他们都能够像演技娴熟的演员那样，随时根据角色转变来变换自己的脸谱，并恰到好处地把红白脸集于一脸。我认识一个做金融投资的朋友贾总，他就是一个“变脸”高手。

有一次，一个重要客户来访，当客户在会客室等候时，隐隐约约听到贾总在办公室训斥员工，这位客户只叹息自己来得不是时候。谁知几分钟之后，却看到贾总满面笑容地与自己打招呼，从他的脸上根本看不出丝毫发过脾气的痕迹。

从世俗的角度来说，这种“变脸如翻书”的行为会给人一种捉摸不透的感觉，甚至会被人认为不够真诚。然而，一个人要想在错综复杂的社会中站稳脚跟，就一定要精通“变脸”之道。我们可以想象一下，如果我的这位朋友贾总不善于“变脸”，在面对顾客时，依然是铁青着脸，甚至用刚才训斥员工的方式来与顾客交谈，相信他的生意早就黄了。不过话又说回来，作为管理者，如果在任何时候都表现得和颜悦色，就会丧失自己作为管理者的威严，并最终失去自己作为领导者的权威。

作为管理者，如果你只唱红脸，不唱白脸，下属就会认为你是一个缺少魄力的软骨头；反之，下属就会认为你缺少人情味，你就会变成孤家寡人。只有那些把红白脸集于一脸，该唱红脸时唱红脸、该唱白脸时唱白脸的人，才是一个真正高明的管理者。

有些过于固执的管理者，始终坚持以一种面孔示人，无论任何时候总是板着面孔，并生硬地教训别人说：“对就是对，错就是错，好就是好，坏就是坏。”其实，这种判断是非对错的方法，是标准的死搬硬套，缺少一种因人而异、因地而异的灵活性。

我们常说“一把钥匙只能开一把锁”，也就是说，管理者在对待不同的员工、不同的事情时，要因人而异、因事而异。在需要严肃的时候，就表现出自己严肃的一面，在需要亲民的时候，就表现出自己亲民的一面。不过要注意的是，红白脸的灵活变化要建立在坚守道义的基础上，不可丧失公平公正的心态，更不可过于功利地“看人下菜碟”。

中国有句古语叫“万变不离其宗”，这里的“宗”就是事物本身的规律和本质，也可以称之为章法，就是说做什么事情要有章可循、合乎情理。其实，管理者的红白脸也应该适合当时的场景和章法。比如，当你的下属完成了一项艰巨的工作任务，这个时候你可以竖起大拇指，并称赞对方说：“干得不错，你真是好样的！”如果下属犯了不可饶恕的错误，这个时候你就应该表现出自己严肃的一面，甚至用怒发冲冠的方式来训斥对方，使对方明白自己所犯的错误。

从某种程度上来说，管理者就是一个企业的“掌门人”，掌控着一个企业的兴衰成败。所以，在面对错综复杂的人事关系时，管理者要善于调适自我情绪，顺时应变地掌握自己的喜怒哀乐。

作为领导者，在下属犯错的时候，对下属痛斥怒骂必不可少。然而，在必要的时候，领导者也要善于表现自己温和的一面，学会用谆谆教诲的方式来纠正下属的错误。总之，一个优秀的管理者，一定要精通“变脸”魔法，懂得在该唱红脸时唱红脸，在该唱白脸时唱白脸。

对管辖范围内的人唱白脸，对管辖范围外的人唱红脸

在现实生活中，我们会发现一种奇怪的现象：大多数人总喜欢对自己人发脾气，动不动就唱白脸；而对于自己不熟悉或者不亲近的人，则表现得彬彬有礼，红脸一唱再唱。在不得已时，甚至在外人面前委曲求全也在所不惜。

为什么我们对待外人总是比对待自己人的态度要好很多呢？从心理学角度分析，一个人往往只会在安全范围内发脾气，而对于那些安全范围外的人，则会尽可能地忍耐。比如，很多孩子在家里时总喜欢对父母任性发脾气，甚至无理取闹；而在学校的时候，却表现得非常乖巧。同样一个孩子，为什么在行为表现上会出现如此大的差异呢？这是因为孩子在内心里十分清楚：爸爸妈妈是自己人，即安全范围之内的人，无论自己如何无理取闹，爸爸妈妈都不会抛弃自己；而老师就有所不同，在孩子眼中，老师是“外人”，即安全范围之外的人，如果不听老师的话，老师就会不喜欢自己。孩子因为担心这种想象危险会变成事实危险，所以会尽可能地在老师面前做一个“乖小孩”。

因为有危险，所以要讨好。这种行为不仅会发生在孩子身上，在我

们成年人身上同样会发生。在这里，我不妨用一个故事来解析这种“讨好外人，欺负自己人”行为背后的心理现象。

一天晚上，陈炜带女友去饭馆吃饭，回家时经过一个又窄又黑的小胡同。谁知，这个时候刚好从对面走来几个小混混，这几个家伙不但对着陈炜的女友吹口哨，而且还说了些不堪入耳的污言秽语。

陈炜的女友感觉自己受到了莫大的侮辱，于是准备与小混混理论一番。陈炜看事情不妙，拉着女友就走。而陈炜的女友却不依不饶，不但骂陈炜是胆小怕事的缩头乌龟，而且还与小混混们对骂。很快，陈炜和女友被七八个人包围起来。见此阵势，陈炜不但不保护自己的女友，反而一巴掌扇在女友的嘴上，并振振有词地教训女友说：“你怎么这么不懂事？兄弟们在给你开玩笑，你都听不出来？！”

随后，陈炜开始向小混混们道歉。为了表现自己的诚意，他还挨个帮他们点烟。小混混们认为自己赚足了面子，于是手下留情，放他们一马。这个时候，陈炜立马拉着哭得上气不接下气的女友离开。回到家中，陈炜给女友说了一箩筐的好话，但都不奏效。第二天，陈炜就带着几个哥们教训了那几个小混混。

后来，朋友问陈炜：“当时你为什么不为女友报仇，反而扇她巴掌？”陈炜笑笑，然后解释说：“当时那种情景，如果我真的和小混混硬对硬，也许能打倒三四个，但却没有更多的力量来保护女友。而且那几个人手中都有刀，最后吃亏的肯定是我们。另外，我考虑到，小混混们之所以动怒，是因为我女友骂了他们。要想以最快的速度消除他们心中的怒火，我只有从女友身上下手，于是就打了女友一巴掌。当然，我女友也不能白白挨这一巴掌，我定要把这笔账记在他们身上。也正是因为这个原因，我必须要看清这几个人的真面目。但当时胡同里太黑了，我只好假装给他们敬烟，然后借机看清他们的容貌，日后伺机为女友报仇。”

从表面来看，陈炜对自己人唱白脸、对外人唱红脸的行为，确实令人匪夷所思，甚至认为他是一个缺少胆量的懦夫。然而，如果从更深层面剖析，我们不难发现，陈炜的所作所为完全是为了保护女友。在他打女友巴掌的行为背后，蕴含了对女友真心的爱护。所以，我认为案例中的陈炜是一个“识时务、顾大局”的聪明人。

其实，在红白脸管理艺术中，依然遵循这种“只对自己人发脾气”的原则。比如，管理者可以对自己管辖范围内的人发脾气唱白脸，而对于自己管辖范围外的人，要尽可能地唱红脸。

肖帆在一家汽车公司做销售经理，由于她平时不苟言笑，所以下属送她一个“冰美人”的绰号。然而，在一次偶然的机会中，下属们惊奇地发现，平时冷若冰霜的肖帆，也有着热情随和的一面。

一天，店里来了一个顾客，经理肖帆安排新来的员工小敏接待。在接待过程中，由于小敏对新款车的款型和价位不太了解，把一款原价20万元的车报价为17万元。当小敏把订单交给销售部审批签字时，经理肖帆发现了小敏的失误。经理肖帆告诉小敏，这款车的最低售价为18.5万元。也就是说，顾客要想买这款车，必须再加1.5万元。

当顾客知道这一消息后，认为汽车销售公司在恶意欺骗消费者，于是火冒三丈，并坚决退掉订单。看顾客怒不可遏的架势，经理肖帆只好亲自与顾客沟通。在交流过程中，肖帆首先狠狠批评了站在一旁的小敏，然后给顾客道歉赔不是。可以说，为了挽回这个顾客，肖帆是好话说了一箩筐。但顾客并不领情，仍然坚持退单。

最后，肖帆向顾客解释说：“先生，由于我们工作上的失误，为您的购车造成了不必要的麻烦。为了弥补过失，我以销售部经理的身份，帮您向公司申请5000元的礼品，你看这样可以吗？”顾客看肖帆说话确实真诚，而且自己还可以额外获得5000元的礼品，于是答应成交。

在日常生活中，我们可以把周围的人划分为两种，其中一种是安全范围内的人，即自己人；而另一种则是安全范围之外的人，即外人。在这个案例中，销售部经理肖帆明白小敏是“自己人”，所以会在小敏面前发脾气唱白脸。而对于自己管辖范围外的顾客，肖帆只能用唱红脸的方式来“讨好”对方。

如果从管理学的角度分析，所谓“管辖范围内的人”，就是你的下属员工；而所谓“管辖范围外的人”，则指你周围的同事、领导、顾客等。也就是说，在面对员工下属时，作为管理者，你要善于唱白脸，以领导者的威严来镇住他们。而在与同事、领导、顾客等人相处时，就要精通“柔道”，学会以柔和的方式来解决问题。

该哭就哭，欲怒则怒——出神入化的变脸功

每当提到“管理者”这个词，绝大多数人脑海中首先浮现的则是一个威严凛然的领导者形象。这是因为在大家传统的观念中，领导者就应该是以威严慑人的。

其实，作为一名管理者，不但要善于表现自己气势逼人、威风凛凛的一面，在必要的时候，更要懂得示弱。也就是说，一个真正卓越的管理者，一定要做到该哭则哭、欲怒则怒，把自己“变脸”的功夫演绎得活灵活现、出神入化。

说到“哭的艺术”，我们不得不讲一讲刘备的“哭功”。在《三国演义》中，作为一代明主的刘备，最擅长的事情就是哭。作者罗贯中在小说中把刘备哭的情景描述得活灵活现、惟妙惟肖。在这里我们不妨列举几处刘备“以哭获胜”的经典片段。

刘备的第一次哭，是因为徐元直（徐庶）的母亲被曹操囚禁。徐元直为了救母，不得不离开刘备。当徐元直离去时，刘备不忍别离，把徐元直送了一程又一程。在告别之际，徐元直对刘备说：“不劳使君远送，

庶就此告别。”听到这句话，刘备紧紧握着徐元直的双手说：“先生此去，天各一方，未知相会却在何日！”随后泪如雨下。

刘备的第二次哭，是请诸葛亮出山之时。徐元直离开刘备之时，向刘备推荐了诸葛亮，并告诉刘备，如果能够得到他的辅佐，定能够得到天下。第二天，刘备、关羽、张飞三人就带着礼物去隆中拜见诸葛亮。谁知不巧的是，诸葛亮刚好出游不在家中，诸葛亮的书童也不知道主人何时归来，刘备只好带着关羽、张飞离去。几天之后，刘备、关羽、张飞三人冒着大雪又来到诸葛亮的家中。谁知诸葛亮刚好被朋友邀走，只有弟弟诸葛均在家。刘备只好留下书信一封，并在书信中表达了自己对诸葛亮的倾慕之情。又过了一段时间，刘备、关羽、张飞第三次来隆中，这次刚好诸葛亮在家。当刘备说明自己的来意后，诸葛亮却说：“亮久乐耕锄，懒于应世，不能奉命。”听到诸葛亮拒绝自己，刘备立马哭着道：“先生若不出山，如苍生何也？”随后泪沾袍袖，衣襟尽湿。

刘备的第三次哭，是因为不舍得把荆州还给吴国。建安十五年，刘备陪妻子回家省亲，见到孙权后，刘备向孙权提出借用荆州的要求，但是孙权并没有正面答复。不久周瑜病死，鲁肃为了巩固蜀国与东吴的联盟关系，建议把荆州借给刘备。此时，孙权把曹操当作最强大的竞争对手，需要与刘备联手对付曹操，于是便把荆州借给了刘备。一年之后，孙权派鲁肃去蜀国要回荆州。见到刘备后，鲁肃礼貌地说道：“今奉吴侯钧命，专为荆州事而来。皇叔已借住多时，未蒙见还，今既两家结亲，当看情面上，早早交付。”刘备一听鲁肃是来讨还荆州的，立刻掩面大哭。鲁肃对刘备道：“皇叔何故如此？”此时，刘备的哭声更大更猛了。

从以上三次刘备哭的情节中，我们不难看出，在必要的时候，哭可以起到不可估量的作用。看过三国的人都知道，刘备为一介草民，身份卑微，在认识关羽、张飞之前，也只是一个卖草鞋的。说起刘备的武功，只能算武艺平平，与张飞、关羽的武功相比，更是不值一提。那么，刘备为什么能够做老大呢？为什么能够三分天下，坐上蜀国国君的位置呢？其原因就在于，刘备善用心计，懂得用“哭功”来感化他人。俗话说，得人心者得天下。我们都知道关羽、张飞、诸葛亮都是刘备的左膀右臂，他们之所以对刘备忠心耿耿、至死不渝，就是因为刘备深得人心。

在《三国演义》中，由于刘备哭的场景颇多，以至于很多人误认为刘备的江山是哭出来的。其实，刘备驾驭他人的智慧在于“变脸”，能够真正地做到“该哭则哭，欲怒则怒”。比如，在怒摔阿斗的片段中，刘备就巧妙用“怒”的方式来大获人心。

在长坂坡之战中，赵云奋力杀敌，为了营救幼主阿斗，险些丢了自己的性命。当赵云把阿斗交给刘备时，刘备并没有表现出欣喜之情，反而将阿斗狠狠地摔在地上，并愤怒地对着阿斗骂道：“为了你这个乳子，几乎损我一员大将。”赵云看到如此情景，立马抱起阿斗跪在地上，然后声泪俱下地说道：“赵云就是肝脑涂地，也难以报答主公的知遇之恩啊！”

针对刘备摔子这一行为，很多人认为，阿斗是蜀国统治者的继承人，刘备是不会轻易把他摔死的，他之所以把阿斗摔在地上，也只是在进行一种驭心术的精彩表演。这样一来，不仅坚定了赵云誓死随主的决心，同时也让将士们明白他刘备是一个爱将士胜过爱儿子的主儿。因此，后人写诗曰：“曹操军中飞虎出，赵云怀内小龙眠。无由抚慰忠臣心，故把亲儿掷马前。”

中国有句古话说：“到什么山上唱什么歌。”这句话告诉我们，无论是说话还是办事，都要以具体情况为依据，并根据情况的不断变化而做出相应的调整。作为职场中的管理者，要想管好下属，更要精通“变脸”之术，真正地做到该哭则哭、欲怒则怒。

自己唱红脸，让“沉默”帮你唱白脸

人是一种感性的动物，所以总喜欢用语言来表达自己，甚至因为害怕冷场，强迫自己不停地说话。然而，在很多时候，如果一个人能够学会适时地沉默，反而能够起到“此时无声胜有声”的奇妙效果。比如，当对方犯错误时，你没必要用大呼小叫、破口大骂来教训他，反而可以用“沉默”来唱白脸，并最终达到不言而威的目的。

我认识一个家教很严的朋友孙某。有一次，他带5岁的儿子去一个朋友家里做客，朋友家里有一个比孙某儿子大一岁的小姐姐。两个孩子很快熟悉起来，于是小女孩把所有的玩具都拿出来，给孙某的儿子玩。

回家之后，朋友孙某发现儿子的口袋里装着一个托马斯火车玩具，不用说这是儿子从朋友的家里偷来的。吃过晚饭后，朋友孙某坐在沙发上看书，妻子开始收拾家务。这个时候，儿子跑到孙某身边，撒娇地说：“爸爸、爸爸，讲故事的时间到了，你该给我讲故事了！”孙某装作什么都没听见，仍然看自己的书。儿子看爸爸不理会自己，于是跑到妈妈身边，委屈地说：“妈妈、妈妈，爸爸说话不算数，说好每天给我讲一个故事，为什么今天不给我讲故事？”正在做家务的妈妈不搭儿子的讪，仍然保持沉默。

孙某的儿子装作若无其事的样子，并试探地对爸爸说：“我又没有做错事，你们为什么都不理我？”此时，孙某怒目圆瞪，但仍然保持沉默。小家伙终于坚持不住了，然后哭着对爸爸说：“爸爸，对不起，我错了。我明天就把托马斯还给姐姐！”

在教育儿子的事情上，朋友孙某可谓是一个明智的父亲。当他发现儿子偷玩具后，并没有对儿子大呼小叫，也没有用体罚的手段强迫儿子承认错误，而是用不言而威的沉默来警告儿子，从而使儿子不攻自破地承认错误。其实，这种用“沉默”唱白脸的方法，不仅在教育孩子方面奏效，在对下属的管理上，仍然具有不可估量的作用。

有一次，某单位的吴局长交代给下属宋强一项艰巨的工作任务。当然，这个任务宋强能够胜任。然而，由于宋强没有把全部的精力都放在工作上，最终导致任务失败。

当吴局长把宋强叫到办公室时，宋强不但不为自己的失职做自我检讨，反而强词夺理，为失败找借口。比如，工作条件差、任务难度大、时间准备不充分等等。面对宋强的抱怨，吴局长一句话也不说，只是默默地盯着他。

大概十几分钟之后，宋强终于说够了，然后面带愧色地对吴局长说：“吴局，这次没有完成任务，都是我宋强的失职。如果你能够再给我一次机会，我一定会将功补过、不遗余力……”

“沉默是金”，这是很多人经常挂在嘴边的一句话。所以，当遇到不该争的人或者事时，最好的选择就是沉默。比如，当一个喋喋不休者与沉默不语者发生对峙时，喋喋不休的人总会在语言上盛气凌人，似乎占了上风，而实际上最终的获胜者却是那些沉默不语的人。这是因为那些喋喋不休者只善于虚张声势，而适时沉默者却能够真正做到胸有成竹。

俗话说："言多必失。"针对这一观点，孔子也说："君子敏于事而慎于言。"意思就是说，一个智慧的人做事的时候要行动敏捷，但说话的时候要慎之又慎。总之，在与人相处时，尤其是当与他人在某一观点上产生分歧时，滔滔不绝不但不能解决问题，反而会把事情变得更糟。只有那些懂得沉默的人，才能够做到不言而威，以"此时无声胜有声"的气势来征服对方。

撕破脸皮——破釜沉舟，置之死地而后生

在中国，几乎每个人都很看重面子，无论做什么事情都会顾及自己的面子或者他人的面子。对于那些善于给他人留“面子”的人，我们就认为他人缘好。然而，在管理工作中，如果公司的所有人都说你是“好人”，甚至连那些坏得出名的人也评价你是好人，那说明你在管理工作中出现了大问题，变成了毫无作为的“烂好人”了。

管理学中盛行这样一句话：“做人就不要做事，做事就不要做人。”很多人刚看到这句话会错误地认为，成功者需要不择手段、不讲人品。其实，这句话真正的意思是说，一个人要想做好一件事情，就不要顾及人情；如果一个人处处讲人情，那他肯定就很难做好一件事情。尤其是在管理工作中，管理者的职责并不是比谁更有人缘，也不是比谁更受欢迎，而是要懂得在关键时刻敢于撕破脸皮，以真正降服那些不遵守公司规则甚至危害公司利益的“坏”员工。

曹俊在一家国有控股公司做部门经理。半年前，他们部门来了一个刚刚大学毕业的女孩白洁，这女孩不仅工作能力差，而且安于享乐，对

工作总是挑肥拣瘦。另外，白洁最擅长的事情就是打探同事、领导们的私事，并在单位内大肆宣扬。好几次，曹俊都想找个借口炒白洁鱿鱼，但碍于她是单位某领导的亲戚，只好一忍再忍。

某日，白洁和朋友一起逛街，在一咖啡厅碰到单位的一处长黄某正在和一名年轻漂亮的女孩一起喝咖啡。第二天，白洁就开始在单位散布小道消息，说黄某在外面包养情人，甚至还添油加醋地说，这女孩是在某某单位上班。

就这样，只几天的工夫，黄某有情人的事情已经在整个单位传得沸沸扬扬。为此，单位董事长找到那位“情人门”的黄某谈话。一问才知道，那天和黄某一起喝咖啡的女孩不是外人，而是黄某在法国留学的侄女，只好一笑了之。

这件事情虽然没有造成太大的误会，但曹俊对白洁的人品产生了高度怀疑，甚至对她搬弄是非的行为痛恨疾首。一周之后，曹俊以白洁工作能力不达标为理由，果断辞退了她。

“有情的领导，无情的制度，绝情的管理”，可以说这正是管理者做事的基本准则。作为一名管理者，你可以爱护你的下属、也可以提拔、奖励你的下属，但决不能纵容他们犯错。否则，你将坏了规矩，从而丧失自己作为管理者的权威和尊严。

那么，作为一名管理者，究竟是应该用“有情”的方法来管理，还是应该用“无情”的方法来管理呢？其实，所有的事情都不是一概而论的，而要根据具体情况而定。比如，对于一个刚刚起步的企业，要多用“有情”的管理方法来吸引人才，增强公司上下的凝聚力；而当企业发展到一定规模之后，就需要完善公司的各项规章制度，然后靠这些“无情”的制度来管束员工。尤其对于那些平时就不遵守公司制度的“刺头”员工，管理者更不应该纵容，而是要做到不惧险恶、撕破脸皮，从而以这种“无情”的手段来维护整个企业的利益。

总之，无论你所在的团体是什么性质的组织，无论这个组织是大是小，只要你是管理者，都会遇到一些不服管的“刺头儿”员工。在这里，不妨向大家介绍几种“刺头儿”员工的管理策略。

第一类：红孩儿型下属。这一类型的员工，大都与单位高层领导有着千丝万缕的关系。他们或是领导的亲戚、家属，或是领导朋友的家人、亲戚等。当领导在你身边安排一个这样的人时，你不能拒绝，更不敢得罪。

然而，这些“红孩儿”并不是省油的灯，他们自恃后台强硬，总是到处惹是生非，甚至把你这个领导都不放在眼里。面对这种情况，虽然你气得眼冒金花，但也不能轻易得罪他，否则不但影响了部门内部的关系，而且还会搞僵和领导的关系。

应对策略：对待这类员工，且不可轻易着急发火，而要学会动之以情、晓之以理。当他在工作中犯了错误，不要因为他有后台就对他忍让迁就，而是要及时指出并纠正他的错误。另外，要想避免“红孩儿”背后告你的黑状，你一定要与他的后台之间保持沟通顺畅，随时汇报“红孩儿”的动态走向，尤其对于“红孩儿”的“糗事”，要学会有策略地告知，让领导明白你已经替他担当了很多。万一哪天你不得已要辞退“红孩儿”，领导也会理解你已做到仁至义尽。

第二类：孙悟空型下属。和上面的“红孩儿”相比，“孙悟空”型的员工在工作能力上可没得说，简直是神通广大、无所不能。但这类员工最大的缺点就是目空一切、不守规矩，动不动就和领导对着干。另外，他们仗着自己工作能力强，常常会做出一些喧宾夺主的事情。一旦领导对他的行为表现不满，他的内心就会产生一种“此处不留爷，自有留爷处”的想法，然后就开始高调地跳槽。可以说，在职场中，“孙悟空”型员工是跳槽主力。

不过，他们凭着自己一手的降妖绝技，总能为领导“降妖除魔”解决各种疑难杂症，所以领导对这种员工总是“爱恨交加”。虽然“孙悟空”型员工总会做出让领导头痛的事情，但不到万不得已，领导决不会放他离开。也正因为此，领导经常要忍受他“大闹天宫”式的无理取闹。

应对策略：对待这一类型的员工，管理者不但要用高薪来安抚他，同时还要用企业愿景来激发他的斗志。虽然这类员工的工作能力强，但他们内心自立门户的愿望并不强，大多时候只是喜欢接触隆重的场面，享受一下自己当家做主的感觉。

对付“孙悟空”型员工，管理者要善于投其所好，给他设立一个自由发展的平台，多给他创造独当一面的机会，让他充分展示自己的才华，并让他体验到工作的快乐。

第三类：猪八戒型下属。这一类型的员工，总认为自己出身名门、身份高贵，所以做什么事情总放不下身价，把自己高高地端着。一旦工作上碰到什么问题，很少去努力克服，而是随时打算撒手不干，并嚷嚷着回“高老庄”。

由于这种员工不长记性，所以常常是同一个错误出现多次。领导批评他两句，也总是没心没肺满不在乎的样子。当领导批评狠了，他又开始顶嘴，找各种借口。

总之，这种“猪八戒”型的下属最大的特点就是“死猪不怕开水烫”，如果领导因为什么事情把他开除了，他绝不会悄悄地走人，而是死皮赖脸和你闹，不闹个满城风雨决不罢休，甚至宁愿躺在领导家门口半个月，也非得多赖几个月的薪水。

应对策略：对付这一类型的员工，决不能手软，一定要找个比他更强硬的人来收拾他。俗话说，软的怕硬的，硬的怕横的，横的怕不要命的。当蛮横无理的猪八戒碰上不要命的孙悟空，那他就真的遇到了这一辈子的克星了。平时你别看猪八戒对孙悟空横挑鼻子竖挑眼，动不动就去师傅那里告状，其实到真点上，猪八戒的内心对孙悟空还是非常惧怕的。

第四类：武松型下属。这一类型的员工有真功夫，但心高气傲，对谁都不轻易服气。从人品上来说，这种人天生正义、讲义气，但他的缺点是脸皮薄、爱面子。领导一批评就受不了，然后赌气走人，甚至犯浑和领导对干一仗。这种人由于不会讨好人，所以人缘不会太好，但由于他为人正直、平时总喜欢打抱不平，所以多数人都不讨厌他。

应对策略：这种人在平时彬彬有礼，一副温文尔雅的模样，但一冲动起来就会六亲不认，甚至会干出一些极端、出格的事情来。所以，在对付这一类型的下属时，切忌“以硬碰硬”，而要善于以“柔”的方法来降服他。比如，在遇到问题时，你可以跟他讲正义、讲感情，必要的时候再痛骂一下那些无良之人，这样一来你们之间就结成了联盟，他甚至会为你两肋插刀。比如，《水浒传》中宋江对武松像亲兄弟一样，不但在物质上接济他，而且在感情上也非常照顾他。有一次，武松和李逵同时犯了错误，宋江对皮厚肉糙的李逵破口大骂，但对武松却只字不提。在痛骂完李逵之后，宋江又开始和他们讲兄弟之情。可以说，宋江正是用这种方法感动了武松，从此武松暗下决心，再也不给自家哥哥添麻烦了。

第五类：杨修型下属。凡看过《三国演义》的人都知道，杨修由于自作聪明而被曹操处死。从表面上看，这类员工都是一些斯文儒雅的书生，但正是因为他们上知天文、下知地理，所以更难缠、更难对付。由于他们脑子聪明，善于思考，所以总感觉领导亏待了自己，或者认为公司的某些制度不健全、不合理。如果他们能够把这些建议反映给领导，以完善公司制度，也算是建功立业，领导自然不会亏待他们。如果他们把个人观点以谣言的形式散布出去，则会造成不良影响。由于这类人平时给人的感觉就是思维敏捷、伶牙俐齿，所以他们的话非常具有蛊惑性，必然会扰乱民心，严重削弱团队的凝聚力。

应对策略：一旦遇到这样的下属，千万不要给他讲道理。要知道这类人上知天文、下知地理，比你懂得道理还要多，你不可能用讲道理的方法来降服他。此时最好的对策就是远离他，并委婉地告诉他：“此处庙小，请另寻大庙。”这样他自己就会衡量得失，要么安心工作，要么另谋高就。

总之，作为一名管理者，要想让企业发展壮大，就一定要坚持原则，不怕得罪人。对于那些有问题的下属，要敢于“撕破脸皮”，从根源上拔除团队中的“刺头”。

唱红脸时，借他人之口把白脸唱出来

自古以来，中国人都推崇阴阳结合之道。就拿我们中国人每天都在用的筷子来说，其中就包含了深刻的阴阳之道。不知道大家是否意识到，当我们用筷子夹食物时，两根筷子一上一下，其中一根筷子总是在动，而另一根筷子却是静止的，只有做到两根筷子动静协调，才能够成功地夹住食物。另外，从筷子的形状上来分析，大多数的筷子都是一头粗，一头细，一头方，一头圆，其中也蕴含了中国传统中的阴阳之道和方圆之道。

在管理工作中，要想让一个企业稳步发展，让领导与下属之间或同事之间和谐相处，也同样需要阴阳之间的相互配合。比如，我们通常所说的“红脸”和“白脸”就是阴阳之道的完美结合。在一个企业中，其内部人员一般分为三个层次：最高管理者、中层管理者和普通职员。在角色的分配上，通常情况下企业的高层负责唱红脸，而中层管理者则负责唱白脸。从红白脸的角度分析，这样的管理架构设置是有着科学道理的。

为什么一个企业既需要红脸角色又需要白脸角色呢？其根本原因在

于，好的管理需要阴阳协调，其中既要有严格的规章制度来约束员工的行为，又要体现出公司的人情味和人性化，让员工能够找到家的感觉。反之，如果一个企业只注重公司制度的阳性或只注重人情的阴性，整个企业就会偏离正轨，向着畸形的方向发展。所以，一个企业的高层领导要想唱好自己的“红脸”角色，就要找一个愿意又善于唱白脸的人协助，当自己不得不唱白脸的时候，可以借他人之口把白脸角色唱出来。这样高层管理者才能既达到自己的管理目的又不得罪任何人。

刘鹏在北京经营一投资公司，其中70%的资金出自一位德国商人。2008年，全世界都在闹经济危机，为安全考虑德国人决定撤资。经如此变故，刘鹏公司的人员需要从原来的100多人裁员到30人。

虽然刘鹏是一个做事果断的领导，但在裁员这件事情上，他开始有些犹豫不定了。究竟要裁谁留谁？要裁员多少？如何向大家公布这个坏消息？为这些事情，刘鹏考虑了几个晚上都没有做好决定，总担心会因为裁员的事情得罪人。

这时，公司的人事主管王娟主动找到刘鹏，并谈了一些自己对裁员的想法和策略。经过几个小时的沟通，刘鹏决定根据往年的业绩来决定员工的去留。但是，这些事情有谁来出面执行呢？老板亲自出面肯定不妥。于是，王娟决定亲自整理被裁人员的名单，然后以人事部主管的身份在公司大会上公布。

在公司裁员这件事情上，刘鹏作为公司的老板，肯定不好亲自决定谁去谁留，只好借助王娟之口把这件得罪人的事情说出来。而王娟作为公司的人事负责人，她是按照公司的规章制度来办事，就算有些人因为裁员的事情心怀怨恨，但他们也不会直接把矛头指向刘鹏。反之，如果刘鹏亲自在大会上公布裁员名单，那麻烦可就大了。

在职场当中，你扮演的是普通员工，是中层领导，还是最高管理者呢？无论身处什么职位，你都应该听说过“拿人钱财，替人消灾”这句话。如果你是一名中层管理者的话，你的职责就是为领导唱好白脸。

红白脸管理学认为，真正讲原则唱白脸的必须是中层干部，他们严格维护公司利益。但在具体工作中，很多中层领导都不愿唱白脸，而是一味地让高层领导去唱白脸。这样一来，往往激化了员工与高层管理者之间的矛盾，从而阻碍了整个企业的发展。在这里，我讲一个真实的企业案例。

汪先生经营一家文化公司。有一次，业务部员工刘芳拿着一张报销单去财务部报销。财务部主任高敏明明知道刘芳的这张单子不在报销范围之内，但由于她和刘芳的关系比较好，于是建议刘芳说："我先帮你把这张单子报上去，如果老板不同意报销，大不了再给你退回来！"但高敏万万没有想到，当她说这话的时候，老板刚好从门口路过，把她的话听得一清二楚。

一周之后，高敏就被汪先生开除了。汪先生开除高敏的理由是，作为公司的中层管理者，高敏不遵守公司的规章制度，当遇到员工和老板之间最敏感的金钱问题时，她不但不帮着化解矛盾、解决问题，反而把问题往老板身上推。这种不能为老板解决问题反而增加麻烦的中层领导，我花钱雇她做什么？

说到这里，也许有人会问："为什么中层管理者要做坏人呢？公司又不是我们家开的！"如果你有这种想法真的是大错特错了，中层管理者的职责就是为上司唱好白脸，为领导分担压力和烦恼。这是因为中层管理者是所有决策的直接执行层，高层管理做出决策以后，执行的任务就落到了中层身上，这就要求中层管理者具有较强的执行能力。

在很多企业，尤其是在私营企业中，公司的高层领导不但是企业的管理者，更是这个企业的老板，如果凡事都自己出面解决，未免会让下属们产生对立情绪。比如上面案例中的汪先生，如果他不给员工报销那几十块钱，就会显得太小气；如果报销了，又违反了公司的规章制度，以后再遇到同样的问题怎么办？而财务部主管作为公司的中层管理者，在遇到这种事情时，只需要义正词严地告诉员工，这张单子不允许报销，问题轻而易举地就解决了。

如果我们翻阅一下历史则会发现，历朝历代的明君都给人一种爱民如子的形象，其原因就在于他们只在百姓面前唱红脸，至于那些得罪人唱白脸的事情，让下面的执法人员按法律章程去办就可以了。从这个角度来说，一个国家要想稳步发展，就一定要有“法”可依，并且要有不徇私情的执法人员去执行。

同样，作为一个企业，要想发展壮大，也要有一系列的规章制度，并且公司中要有敢于唱“白脸”的人。一旦发现有人触犯了公司的规章制度，就一定要做到秉公惩罚。当然，惩罚员工的事情，老板亲自去做有些不妥，这就需要企业内的中层管理者出面解决。作为公司的中层管理者，其工作职责就是为老板分忧解愁，尤其是在老板不方便出面的事情上，中层管理者要主动请缨，敢于替领导“唱白脸”做坏人，并把“唱红脸”做好人的机会留给领导。反之，如果一个中层管理者凡遇到麻烦事就往领导身上推，那他离被解雇的日子也就不远了。

第八章

红白脸反向应用

当别人对你唱红白脸，你该如何办

*

在中国传统功夫太极拳中，有一专业术语叫“借力打力”，即借对方的力量来反击对方，从而使攻击者严重受挫。当别人对我们唱红白脸的时候，我们也可以“借力打力”巧妙运用红白脸反向策略，从而使自己变劣势为优势，成功化解各种危险、尴尬局面。

红脸未必善，白脸未必恶

根据一份调查报告显示，大部分下属都不喜欢唱白脸的领导，因为这样的领导通常说话直接，不给人留情面。而那些善于唱红脸的上司，几乎会受到所有人的爱戴，因为他们的话听起来比较暖心。难道所有唱红脸的领导都是心善之人，所有唱白脸的领导都是恶人吗？其实，很多时候红脸之人未必就是善人，而白脸之人也未必就是恶人。

人际交往中，我们常常会遇到一些“笑里藏刀”的人。这种人无论与谁相处，都是有说有笑、一副亲密无间的样子。然而，一转过身，他就开始背后捅刀子、使绊子，甚至落井下石。如果这个“笑里藏刀”的人对我们无关紧要，那倒没什么，我们惹不起还躲得起。如果这个“笑里藏刀”之人刚好是你的上司，那将是你职场生涯的一场噩梦，简直是无处躲藏！

在职场中，总有一些上司喜欢和下属套近乎，其实他的真实目的是为了窃取下属的劳动成果；也有一些上司会把某些重要的工作任务派给下属来做，他们的目的并不是锻炼下属的能力，而是为了一旦出现问题时可以让下属替自己背黑锅；还有一些上司，他表面上是在帮你升职加薪，其实质上是在让你给自己的心腹腾位子；更有一些阴险诡诈的上司，平时在工作上极其照顾下属，甚至给下属一些小恩小惠，可能他正在诱使自己的下属走向犯错的不归路……

提到上司的“笑里藏刀”，朋友杨正对此深有感触。十几年前，杨正刚刚参加工作，在一家比较有潜力的服装公司做文字策划工作，从此开始了他的白领生涯。工作中，杨正虚心请教、积极学习，希望自己有一天能够晋升到品牌经理的职位。

就这样，不到半年的时间，杨正就完全熟悉了企划部的所有工作，而且提出了很多建设性的方案。为此，上司肖勇总是夸杨正聪明、能干，常常把最具挑战性的任务交给他来做。杨正心想，照这个势头发展，也许过不了多久自己的愿望就能实现了。

突然有一天，上司把杨正叫到了办公室，告诉杨正把他升职为咨询顾问，不但薪水比现在高，而且还有自己独立的办公室。杨正心想，咨询顾问虽然不是自己预期的目标，但这个职位怎么说也是顾问级别的，肯定是离品牌经理的目标更近了一步。为此，杨正对自己的上司肖勇感激万分。

然而，等真正任职之后，杨正才发现：所谓的咨询顾问就是一个可有可无的职位，也就是名字比较好听，实际上就是一个接电话的，平时做些电话回访、解答客户问题之类的工作。更令杨正吃惊的是，自己刚离开企划部，原来企划部的工作就被新进公司的肖勇的亲戚接手了。原来自己是被“笑里藏刀”的上司忽悠了！

俗话说，人心隔肚皮。表面上看，你和上司、同事之间是一个战壕里的兄弟，有时候亲密得能穿一条裤子。但实际上，可能你正是对方的眼中钉、肉中刺，没准人家正在暗地里算计着如何搞垮你呢！所以，我们不能简单地从上司的言语上来判断这个人的好坏，要知道那个笑容可掬总是唱红脸的上司未必就是真善人，而那个每天板着脸不苟言笑的上司也未必是真恶人。

那么，我们应该如何来判断自己的上司究竟是一个“表里如一”的真君子，还是“笑里藏刀”的伪君子呢？常言道，一个人可以伪装一时，却无法伪装一世，只要我们善于观察，就能从他们日常的行为、表情、神态中发现某些蛛丝马迹。经过一些心理专家的研究发现，那些“心口不一，笑里藏刀”者常常具有以下几种特征：

第一，神态表情露端倪。很多人会认为，“笑里藏刀”者由于图谋不轨，所以做起事情来总是鬼鬼祟祟、躲躲闪闪。如果你真的这么认为，那就大错特错了。真正的“藏刀”高手，他们的心理素质极强，就算他在向你撒谎行骗，也能够做到脸不红、心不跳，甚至能够为自己的所作所为说出N条合情合理的理由。

不过，就算他们再善于掩盖自我，有经验的人还是能够从他们的神态、表情中发现某些异常的。比如，“笑里藏刀”者虽然一直是面带笑容，但他们却笑得不够轻松、自然，常常给人一种虚情假意之感。另外，从眼神上来看，虽然他们的眼睛看似真诚，但其中却缺少一种镇定、从容之感，而且他们的眼珠转得很快。其原因在于，他们在说出每一句话之前，都要经过深思熟虑，生怕因为语言上的疏忽而暴露自己丑恶的嘴脸。

第二，刻意与他人保持观点一致。比如，公司在召开各部门讨论会议，明明领导点名让他发言，但他总是找各种理由不发言，或者说一些似是而非、模棱两可的话。等其他人都发表完观点、看法之后，他会针对多数人的观点做一总结，然后与多数人的观点保持一致。就算他内心很不满意大多数人的观点，也不会与众人对立，而是故意营造一种“你好、我好、大家好”的氛围。

另外，在与下属沟通、交流时，每当下属谈到自己不愉快的经历，这种“笑里藏刀”的上司都会以“过来人”的身份安慰说：“我当年也遇到过这种闹心事，不过终究都会过去的。”可以说，正是一句“我也遇到过”给下属造成了一种“同为天涯沦落人”的错觉。从此，很多职场新人，不但把他当成工作上的领导，更是当作人生中的指路人。可是，新人们哪里知道，这只狡猾的“老狐狸”正是依靠这种“观点一致”“我也遇到过”等口头禅来拉拢人心，从而达到自己不可告人的目的。

第三，过于亲民，甚至与下属称兄道弟。大多数领导给下属的感觉都是威严震慑，让人不敢靠近。不过，那些“笑里藏刀”的上司刚好走的是相反路线。在管理工作中，他总是以红脸的角色示人，与下属们打成一片。当下属工作或生活中遇到麻烦时，他也会鼎力相助，甚至与兄弟部门的同事相处得非常融洽。

不过，他们的阴险之处就在于，在喝酒闲侃时，常常会故意扯开话题，让下属A评价对员工B的印象。一旦A在言语中流露出对B的不满，他就会添油加醋地把A的话传给B，使A与B之间产生矛盾、相互较量。然后，他再以相同的承诺来刺激A和B，使他们在工作中尽力表现、相互竞争。这样一来，他就真正达到了“鹬蚌相争，渔翁得利”的目的。

通过对方红白脸判断谁是主事人

唐朝诗人杜甫在诗作《前出塞》中写道：“挽弓当挽强，用箭当用长。射人先射马，擒贼先擒王。”其实，杜甫的这首诗不仅是写将领、战士在战场上的作战技巧，更包含了丰富的人生哲理：一个人在解决问题时要抓主要矛盾；要抓住矛盾的主要方面；要善于发现事物的本质；要分清问题的主流和支流。

同杜甫诗句中表达的观点相似，职场中正在盛行“找对人，说对话，做对事”这句网络语录，甚至被誉为职场人“九字真经”。其实，这句话正是强调了“主要矛盾”对做成一件事的重要性。尤其当面对一场重要的商业谈判时，我们要想赢得谈判，首先要善于察言观色，通过不同人的言行举止，来判断究竟谁是这场谈判的主事人，然后集中优势兵力，重点攻击要塞。

刘芳在一家外资企业工作，其职位是总经理助理，所以经常会遇到一些商业谈判的事情。半年前，上海有一家机械厂因经营不善，面临倒闭。刘芳所在的公司有意收购这家企业，于是刘芳和总经理金总一起飞往上海，和对方进行收购事宜方面的谈判。

由于彼此是首次见面，所以对对方谈判代表的职位并不太了解。谈判正式开始，对方一姓曹的先生发言。曹先生一开口就毫不客气地给了一个下马威："我们公司虽然小，但业务一直很好，口碑也不错。你们来这一趟可是来着了，碰上像我们这样的公司真是你们千载难逢的幸运！"

一听这话，刘芳就明白对方是在故意抬高自己的身价，其真实目的是为了增加自己谈判的筹码。对方话音一落，刘芳就毫不客气地反驳道："如果贵公司真如曹先生说的那样生意兴隆，又何必要找我们来谈收购的事情呢？其实，在我们来上海之前，已经对贵公司的经营状况进行了全面、深入的了解。我们大家坐在一起的目的无非就是共同来解决企业以后的生产、运营，并最终达到双赢的目的。什么面子、姿态，都应该靠边站！"

刘芳一个姑娘家，看上去羞涩腼腆，居然能够说出如此强势的话，这简直让所有在场的人惊呆了！曹先生想回击刘芳，但又不知道说什么好，只好愣在那里默不作声。在十几秒的冷场之后，坐在曹先生旁边的罗先生缓和氛围道："这两个年轻人年少气盛，说话不知道分寸！既然咱们大家坐在一起谈合作的事情，双方都是朋友，哪里能谈高低强弱。"

此时，刘芳的领导金总也出来圆场道："合作是件互惠互利的好事情，今天我们只谈合作，不谈其他！"就这样，只几句话的工夫，就绕开了不愉快的话题，然后金总和罗先生直接谈起合作的具体内容。谈判中，金总很诚恳地说："在我们能接受的范围内，给了您最大的利益，您找到我们公司也是为了能够更好地发展，我们想跟您合作也是为了打入市场。双方互惠互利，才是我们合作的真正目的！"最终，双方以合作愉快收场。

谈判结束后，刘芳十分愧疚地对总经理道歉道："金总，今天在谈判桌上我实在是太冲动了。如果不是您及时救场，谈判就真的彻底砸锅了！”谁知，金总不但没发脾气，反而意味深长地说：“小刘呀，今天能够谈判成功，80%的功劳都是你的，我只是在旁边起到推波助澜的作用罢了！”

金总的一番话更是令刘芳摸不着头脑。最后，金总解释说：“在一场正式的谈判中，参加谈判者大都是多个人，不过在众多人中，通常只有一个人主事，也就是我们通常所说的‘谈判首脑’，其余的则都是‘谈判副将’。那么，如何来判断究竟谁是主事儿的‘谈判首脑’呢？这不，你和曹先生一番唇枪舌剑，才让我把对方的‘谈判首脑’和‘谈判副将’看得一清二楚。”

一般来说，谈判中第一个上场唱白脸的人，肯定不是主事的，而是没有决定权的“副将”。虽然这些人都有发言权，但他们不具有最终的拍板权。这一角色出场的目的是为了先用“白脸”镇住对方，让对方从内心产生一种胆怯感，在谈判时就会有所顾虑。另外，谈判中可以用“白脸”角色来探测对方的“底线”，了解对方在哪些方面可以做出让步，在哪些方面不可让步，从而为己方争取更多的利益。等把对方压到冰点之后，具有拍板权的“主事人”开始以“红脸”角色圆场，最终让一场谈判在“红脸”的谈笑声中圆满收场。

所以，谈判中千万不要被对方的“白脸”所迷惑，更不要被“白脸”的攻势所吓倒，而要善于通过观察对方的言行，找到真正的主事人。关于这一点，犹太人说：“要尽量和有决定权的人谈判。”因为每一个组织中都存在不同的等级制度，如果我们毫不选择地与每个级别的人打交道、谈判，这不仅会浪费我们宝贵的时间，而且会降低工作效率。

总之，一个人要想成为谈判高手，就一定要善于寻找谈判桌上的主事人。而且，与你谈判的人的级别越高，那么你谈判成功的概率也就越大，能够争取到的利益往往也就越多。

提防小人变脸术——可以不用，但不可不知

孔子曰：“唯女子与小人难养也，近之则不逊，远之则怨。”此话的确不假，不然人们也不会创造出“女人心，海底针”的千古名言。然而，与善变如水的女人相比，那些为人阴险的小人更难对付。所谓小人，往往都具有双重人格，他们最善于一手阴、一手阳，人际交往中也总是人前一套、人后一套。

说起小人，历朝历代都层出不穷，而且中国历史中流传着颇多小人的“著名”故事。虽然这些人在刚开始时职位并不显赫，甚至不被重用，但他们工于心计，最擅长溜须拍马，而且具有攀附权贵的高超本领，所以这些人的杀伤力极强，总能做出一些“惊骇世界，改写历史”的行径。

在春秋战国时期的楚国，费无忌便是当时最有“成就”的小人之一。当时楚平王即位，封伍奢为太子太师，并封费无忌为太子少师，由于太子建尊重太师伍奢而厌恶少师费无忌，费无忌便对太子建心生怨恨。

在太子建十五岁时，楚平王为了联秦制晋，便让太子建与秦女孟嬴联姻。娶亲之时，楚平王派费无忌到秦国迎亲，费无忌发现新娘是一绝世美人，于是快马加鞭回到楚国，向楚平王讲述新娘如何如何貌美，并挑唆楚平王趁太子建还没有见到新娘之前，让楚平王把孟嬴封为自己的妃子。楚平王天生好色，再加上费无忌的巧言诱劝，楚平王便强行把儿媳纳为自己的贵妃。

从此，费无忌成为楚平王的心腹，开始随身不离地侍奉平王。然而，小人毕竟是小人，费无忌总担心太子建登基后对自己不利，于是不断离间楚平王和太子建之间的关系。楚平王果真信了费无忌的谗言，于是派太子建去镇守城父。第二年，费无忌诬告太子建与伍奢共谋造反之事，楚平王立刻命令城父邑的司马奋扬前去捕杀太子建以及老师伍奢父子。奋扬知道楚平王中了小人的奸计，而太子建是无辜的，于是暗中派人向太子建告密。最后太子建逃到宋国，但太子建的老师伍奢及其长子伍尚却不幸被杀害，随后又开始到处捉拿伍奢的次子伍子胥。无奈之下，伍子胥逃命到吴国。

数年之后，伍子胥率大军为父兄复仇，并成功灭掉楚国。此时，楚平王已死，继任者楚昭王已逃离都城，隐藏起来了。懊恼、失望、愤怒之极的伍子胥掘开楚平王的坟墓，拖出尸体，鞭尸三百。

俗话说：“宁得罪十个君子，莫得罪一个小人。”其原因在于，君子生来光明磊落，他们内心怎么想就怎么做，从来不会装腔作势，更不擅长暗中算计他人。而所谓小人，他们最擅长的就是蜜口蛇心、阿谀奉承，表面上看他和你亲密无间，甚至帮你做了很多事情，实际上却正在暗中捅你刀子。

读到这里，肯定很多人早已对小人心惊胆战，甚至发誓决不与小人交往。然而，小人的额头并没有“小人”印记，甚至从表面上看，小人比君子还君子。那么，我们应该如何来识别真正的小人呢？在这里，我们介绍一些小人们最具代表性的特征：

第一，小人喜欢阳奉阴违。无论是职场还是官场，几乎所有的领导都喜欢周围的人能够说自己的好话，给自己戴一顶“高帽子”。可以说，小人们最了解领导们的心思，而且也最擅长做一些阿谀奉承、溜须拍马的事。所以，小人总能够把领导哄得眉开眼笑、心花怒放。

然而，那些被拍马者却不知道小人表面上在吹捧你、效忠你，说不定他的内心正惦记着你的权势名位，正在偷偷地策划如何搞垮你、取代你。等哪一天你终于不幸下台落马，别指望这些小人会帮你一把，他们正等着对你落井下石呢！

第二，小人最善于腐蚀身边的人。我们常说，伤害你最深的人，往往并不是你的敌人，而是你最亲密无间的朋友。其原因在于，敌人始终在明处，而且我们事先对其有防备，就算他们使尽花招，我们也不会轻易上当。身边最亲密的朋友，由于他对你的优点和缺点了如指掌，甚至知道你的很多秘密。一旦你身边的这个人动了邪念，想从你身上做文章，那你就真的在劫难逃了。

小人表面上和你称兄道弟，下班后也和你一起吃喝玩乐，甚至故意带你去那些风月场合。然而，不知什么时候他就开始在同事、领导面前说你的坏话，讲述你鲜为人知的丑闻，评价你人品如何有问题、思想怎么败坏。原来他做这一切的目的就是为了腐蚀你，然后在职场、商场上打败你。

第三，小人乐于打探他人隐私。小人最大的人生兴趣，就是打探身边人的隐私，然后再像“小喇叭”一样把对方的隐私传播出去。比如，在某一单位总会有“某某领导儿子花几十万出国了”“某某男同事离婚了”“某某女同事与婆婆关系不和”等小道消息在不断散布，其实这就是那些打探他人隐私者所为。他们之所以传播他人隐私，其目的一是因为闲着无聊，把他人隐私作为茶余饭后的谈资消遣；二是想证明自己与某领导的关系非同一般，以此抬高自己的身价，让周围的人对自己另眼相看。

第四，小人喜好搬弄是是非非。在日常的人际交往中，绝大多数人都喜欢喜气洋洋、一派祥和的氛围，而对于喜好搬弄是非者来说，他们最看不得天下太平、众人和睦。所以，这种人总喜欢有意无意地套别人的话，然后挑拨离间，人为地制造各种纠纷和矛盾。他在和张三聊天时，会故意说李四的坏话，无意中张三也会跟着说几句李四的不是。第二天，他把张三的话添油加醋地传给李四。李四听后大怒，开始与张三大打出手。而此时，这个搬弄是非者则在一旁看热闹，然后再接着去制造另一场能引发情感灾难的人际战火！

总之，所有善变、阴险、不仁不义之人，都具有小人的特征。对付这种小人的最好办法并不是讨好他，也不是硬碰硬地和他对着干，而是与之拉开距离，做到井水不犯河水。如果万不得已必须接触这种小人，一定要小心行事，切不可轻易得罪他。否则，他将睚眦必报，让你日日不得安宁。

利用众人明哲保身的弱点，让对方不敢唱“白脸”

明哲保身一词出自《诗经·大雅·烝民》，原话为“既明且哲，以保其身”。这句话的意思是说，明智的人善于保全自己。然而，随着时代的不断发展变化，“明哲保身”一词被贬义化，甚至有不少人认为，这是一种因为怕连累自己而回避斗争的消极处世态度。不过，纵观无数历史人物，很多人之所以能够化险为夷，正是因为他们善于运用“明哲保身”的处事策略。

据说，明朝开国皇帝朱元璋在当上皇帝之后，得意万分。一日，朱元璋独自在宫殿中散步，回想起当年带兵打仗的情景感慨万千，于是洋洋得意自言自语道：“我的本意是想掳掠一些财物度日，竟然成功地掳到这么个皇上来当，这真是出人意料的好事……”

正在朱元璋得意忘形、手舞足蹈之时，猛一抬头却发现一个油漆匠正在宫殿的房顶上刷漆。朱元璋意识到自己刚才失言，立即命令木匠从房顶上下来。然而，朱元璋连续高呼几声，却不见油漆匠有任何反应。随后，朱元璋又让其他人命油漆匠下来，高喊十几声之后，那油漆匠才从房顶下来。见到朱元璋之后，油漆匠立马跪地请罪道："小人耳聋，没有听到皇上叫我，真是罪该万死！"朱元璋听后一笑了之，便让油漆匠继续干活去了！

在这一传说故事中，虽然没有人记住这个油漆匠的名字，但他的机智多谋确实令无数人折服。我们都知道朱元璋是一个"杀人狂魔"，一旦有人听到不该听的话，肯定是必死无疑。然而，此油漆匠在九死一生之际，却能够以"装聋"的对策来化险为夷。从这一故事中可以看出，这个油漆匠早已把专制制度下的生存术研究得出神入化，自然也就懂得如何来明哲保身。讲到善于明哲保身者，我们不得不提到另一历史人物，那就是战国时期秦国名将王翦，他更是巧妙地利用"贪婪之心"达到了明哲保身的目的。

当年，秦王嬴政准备攻打楚国，问将军李信需要多少人马。李信答曰："有20万人马就足以拿下楚国。"然而，当嬴政问王翦时，王翦却分析说："楚国地广兵强，要想顺利拿下楚国，非60万人马不可。"王翦虽然是战场老将，成功指挥过很多战役，但秦王却认为王翦这老头儿年龄越大胆量越小，于是派李信去攻打楚国。但是，让嬴政失望的是，李信战败而归。无奈之下，嬴政只好派王翦第二次出征，王翦依然坚持要60万大兵。这次，嬴政爽快地接受了王翦的要求，并亲自送他到灞上。

令众人不解的是，王翦在出征之前，向嬴政索要很多田宅。嬴政有些不高兴地问："将军正好出征，难道还愁吃喝，要这么多田宅做什么用？"王翦答曰："臣为大王将帅，就算以后有功，也不会被封侯，只有趁大王高兴之时要些田地，留给子孙！"嬴政听后大笑，并赐他田宅。等王翦率兵到潼关之后，又接二连三地向嬴政索要田地。有好心人劝王翦说："将军，你这样做是不是太过分了，难道就不怕惹怒秦王？"王翦却说："你对秦王知之甚少，他天性多疑，对任何人都不信任。如今秦国的所有兵权都在我的手中，我要田宅的目的是向秦王证明，我把子子孙孙都留在秦国，绝无背叛之心。只有这样，秦王才会对我放心！”

从王翦向秦王索要田宅的做法中可以看出，他不仅是一个能征善战的大将，更是一个见识超群的政治天才。通过对秦王的了解，王翦故意显露自己的贪婪之心，表面看得寸进尺、不可理喻，但实际上却是打消秦王疑虑、赢得秦王信任的最好办法。否则，王翦就算成功灭了楚国，自己也终究难逃杀身之祸。

与政治高手王翦相比，西汉名将韩信未免就显得缺少政治头脑：论作战才能，韩信不愧为“英勇善战”的常胜将军，无论多么难打的仗，他都能做到战必胜、攻必取，为西汉的建立立下了汗马功劳。然而，从政治才能上来说，韩信却是一个不合格的学生。可以说，正是因为韩信不懂得明哲保身，凡事总喜欢功高盖主，最终被诬告为谋反，落个“狡兔死，走狗烹”的悲惨下场。

《道德经》曰：“功成名遂身退，天之道也。”意思就是说，一个人在功成名就之后，就要学会不再身居其位，最好适时退下。“身退”并不是让大家都消极地去山林隐居，而是告诉大家不要居功贪位。可以说，这句话不仅是对中国政治学最全面的概括，更是中国人明哲保身的最高境界。不过，凡事都具有两面性，明哲保身的不足之处就是让更多人变得麻木不仁，甚至是冷酷无情。这个问题在古代就已经突显了，从流传至今的俗语中可见一斑，诸如“事不关己，高高挂起”“各人自扫门前雪，莫管他人瓦上霜”“管闲事，落不是”等等，无不是明哲保身的群体心理体现。正如台湾著名作家柏杨先生所说：“儒家系统对于不能明哲保身的人，总是冷嘲热讽，讥笑备至。数千年以降，遂使中国文化越来越缺乏正义和道德勇气。在明哲保身哲学引导下，中国人都有一种神经质的恐惧，连自己应有的权利，都不敢挺身保护，唯恐惹祸招灾。”总之，“明哲保身”这个词是贬义也好，是褒义也罢，它总归是一种难以改变的人性弱点。所以，作为一名企业管理者，要想做到高效管理，就一定要运用好人性的这一特点。

张杰虽然只三十出头，但由于子承父业，很快就晋升为公司的董事长。对于这个空降而来的年轻领导，年长的董事们都有些不服气。于是，在第二董事刘某的带动下，众人开始公开反对张杰，并主张让第二董事来担任董事长一职。

俗话说，新官上任三把火。为扭转这一不利局势，张杰在上任第一周，就在董事会点燃了自己的第一把火。董事会上，众多董事都趾高气扬，总想着让张杰出丑、难堪。然而，张杰却镇定地扫视一周，然后不紧不慢地说道："我理解大家的心思，你们担心我年轻气盛，缺少管理经验，不利于企业的经营。所以，你们支持第二董事做我们公司的董事长。那么，你们如何做才能够让第二董事具有做董事长的资格呢？唯一的办法就是增加他手中的股份，使他的股份高于我。但是，你们有没有想到，当你们把手中的股份转让给第二董事后，将会失去董事的所有权利，将没有资格坐在这里说话……"

听完张杰的话，众人面面相觑。他们明白，当他们手中没有了股份，也将会丧失发言权。但仍然有几个好事者辩论："我们每人可以拿一部分股份给第二董事，让他手中的股份跟你持平，然后我们再投票决定谁做董事长。"

谁知，张杰却冷笑道："各位想得也太简单了！你们知道我手中现持有多少股份？前不久，我收购了其他小股东手里的一些散股，现在我手里的股份占公司股份的百分之五十五。你们一定要慎重考虑，是否真的要把手中的股份转给第二董事。当然，转让股份也是一件不错的事情，这样一来，你们就可以拿着钱过几年安稳的日子。而我呢，也不用看到你们天天在公司里兴风作浪了！"

当张杰把话说到这个份上，大部分人开始动摇。要知道，他们推荐第二董事为董事长的目的，无非是想争取更大的利益。然而现在却发现，这样一来，自己不但不能争取更多的利益，反而会损失原有的利益。最后，只有第二董事依然在坚持自己做董事长的观点，而其他人出于明哲保身，都纷纷把反对张杰的“白脸”改为支持的“红脸”。

就这样，张杰没有费一兵一卒，也没有讨好任何董事，只是巧妙地利用了众人“明哲保身”的人性弱点，便赢得了职场纷争。在利和弊、祸和福面前，为什么绝大多数人都会毫不犹豫地选择明哲保身呢？从人性角度来分析，博弈论中的囚徒困境与此类似。

在这里，我们来具体分析一下囚徒困境将出现的不同情况：

情况一：如果囚徒甲与囚徒乙同时选择明哲保身，当对方受到伤害时，双方都得不到对方的援助。此时，他们各自的效用均为－1；

情况二：如果囚徒甲和囚徒乙都不选择明哲保身，当对方被伤害时，他们会相互帮助。此时，他们各自的效用均为＋1；

情况三：如果囚徒甲不选择明哲保身，而囚徒乙选择明哲保身，当囚徒乙被伤害时，将会得到囚徒甲的帮助；而当囚徒甲被伤害时，乙却不去帮助囚徒甲。此时，囚徒甲得到的效用为－2，而囚徒乙得到的效用为＋2。

从以上数据不难看出，在囚徒困境中，虽然出卖对方并不是最佳选择，然而在信息不畅通的情况下，每个人都担心被对方出卖，出于私心两个囚徒大都选择出卖对方，以开脱自己的罪过。没有任何一个人想当冤大头，所以在大多数情况下，明哲保身都是人们的第一选择。如果你深谙这一人性，很多棘手的难题就能迎刃而解。

所以，无论在人际交往中，还是在管理工作中，一个人要想让他人不敢对你“唱白脸”，就一定要善于利用众人“明哲保身”的弱点，让对方因担心惹祸上身，而不敢轻易得罪你。

话语反弹术——引用对方所说的话做回应

在中国传统功夫太极拳中，有一专业术语叫“借力打力”，即借对方的力量来反击对方，从而使攻击者严重受挫。其实，借力打力不仅在中国功夫中具有巨大的作用，在国与国之间的交往以及人与人之间的各种相处中也常常用到。当别人对我们唱红白脸的时候，我们应该怎么办？其实，我们也可以“借力打力”巧妙运用红白脸反向策略，从而使自己变劣势为优势，成功化解各种危险及尴尬局面。

春秋战国时期，郑国不幸发生火灾。为防备外敌和歹徒趁火打劫，郑国宰相子产便把各种武器分发给百姓，以增强防备。谁知，子产这一行为却引起邻国晋国驻守边疆官吏的不满。此官吏斥责子产说：“你们郑国发生火灾，我们晋国国君、大夫都不敢怠慢，他们奔走四方，到处拜祭名山大川，绝不敢爱惜牲畜玉帛。郑国有了火灾，这是寡君的忧虑。而你作为郑国的宰相，不仅不安置民心，却让百姓手拿武器登上城楼，这究竟是准备治罪于谁呢？边境上的人看到郑国百姓手拿武器，都非常恐慌，但他们却不敢向您报告！”

子产知道自己的举动已经引起晋国驻守边境官吏的极度不满，立马好言解释道：“正像你说的那样，敝邑发生火灾已经让君王忧虑万分。目前敝邑的政治不正常，而且上天还降下火灾。我真担心一些居心不良者会乘机攻打敝邑，使敝邑发生更多的灾难，从而加重君王的忧虑。如果敝邑没有被敌人灭掉，我们还有机会向君王解释；如果万一因为防备不严，不幸被他国灭掉，到时候即使君王再怎么为敝邑忧虑，也已经来不及了。要知道，郑国早已臣服晋国，当遭到别国攻击时只希望投奔晋国，岂敢对晋国有三心二意？”

在这则故事中，子产为百姓分发武器的举动只属内政，作为晋国边境官吏的外人，根本没有资格干涉。然而，当时的郑国处于弱势，不敢轻易得罪晋国。所以，郑国宰相子产在回答问题时，尽可能避免激化两国之间的矛盾。更令人佩服的是，子产却能够把郑国人拿武器防范外敌入侵的行为，与对方的问话挂上钩。经过子产这种巧妙的解释，证明郑国百姓拿武器的目的并不是与晋国为敌，而是为了减少晋国君王的忧虑，简直让对方无懈可击。在谈话即将结束时，子产一再强调郑国对晋国的依赖，其真实目的是在向晋国表忠心，彻底消除了晋国对郑国与之为敌的猜疑。

古人云：“以子之矛，攻子之盾。”这不仅是一种高明的应战策略，更是每个口才高手都应该掌握的说话技巧。比如，在某些谈判、辩论场合，当对方故意提出一些刁难、威胁性的话题时，你可以抓住对方话题的关键，然后给其强力一击，使对方无言以对、甘拜下风。

中国伟大的文学家、思想家鲁迅先生，由于对敌人的指责总是一针见血、不留情面，所以很多反对鲁迅的人都认为他尖酸、刻薄，甚至污蔑他为“骂街夫”。但是，无论他人怎么污蔑，鲁迅总改不了他一贯的语言风格。可以说，鲁迅先生不但在写文章时文笔犀利，在日常生活中同样是“以牙还牙”，总能够以对方的观点来驳倒对方。下面这则关于鲁迅的小故事可让我们管窥一二。

鲁迅先生在厦门大学教书时，校长总是以各种理由克扣教学经费。每当师生们申请经费时，校长总是义正词严地说："这项不能花，那项没预算。"最后，搞得大家做什么事都寸步难行。

一天，校长把各个研究院的负责人和教授都召集到会议室，准备讨论削减教学经费的事情。谁知，校长刚一开口，就遭到所有人的反对。但校长根本不听众人的意见，只是强词夺理道："对于教学经费问题，诸位都没有发言权。要知道，我们的学校是有钱人出资办的，只有他们才有发言权，而我们都应该听取出资人的意见！"

校长话音刚落，鲁迅猛地站起来，从长衫的衣兜里摸出两个硬币，啪的一声放在桌子上，然后对校长说道："我有钱，我就有发言权！"接着，鲁迅先生列出了几十条不能减少教学经费的理由。在争辩过程中，鲁迅的每一条理由都有理有据，而且在言辞上也无懈可击。最后，校长被鲁迅驳得一言不发，只好无条件取消了减少教学经费的提议。

聪明之人必有高明之策。鲁迅的高明之处就在于，他能够巧妙地将校长所说的"有钱人"（即拥有巨额财富的富人）偷换概念为兜里装有零花钱的人。在后面的争论中，鲁迅同样以理服人，使校长在谈话中无言以对，并最终用"两个硬币"成功争取到教学经费。

通常情况下，中国人都主张"以和为贵"，但在各种场合中，我们难免会遇到一些对自己抱有敌意或不怀好意的不善之人。一旦遇到这种情况，我们既不可忍气吞声、助长对方的嚣张，也不好撕破脸皮与之对骂。此时，我们不妨借助话语反弹术，用对方的话来反击之，给他来个措手不及。

抓住白脸把柄，让对方自动闭嘴

俗话说：“刀有刀柄，人有把柄。”这句话告诉我们，世界上每个人都不是完美无缺的，都会存在这样或那样的缺点和不足。可以说，正是因为这些缺点和不足的存在，每个人在为人处事中总会留下各种把柄。比如，行窃之人总会留下偷人钱财之把柄；好色之徒总会留下风流韵事之把柄；卑鄙小人总会留下诬陷他人之把柄；昏庸之官总会留下欺压百姓之把柄……

那么，当抓住对方的把柄之后，我们应该如何利用呢？关于这一点，鬼谷子说：“却语者，察伺短也。故言多必有数短之处，识其短，验之。动以忌讳，示以时禁，其人恐畏，然后结信以安其心，收语盖藏而却之。无见己之所不能于多方之人。”这段话告诉我们，在与他人沟通、交流时，要善于发现对方的短处，抓住他的把柄，然后告诉对方他所有的把柄都在你的手中。如果他敢做出什么不仗义的事情，其结果将会怎么怎么。当他害怕的时候，你再用信誓旦旦的话安抚他的心……最重要的一点是，你要让对方明白这个秘密只有你自己知道，这样他才会对你放心，不会寻机报复。

明朝时期，有一位著名的大学问家王阳明，他不仅是著名的文学家、思想家和哲学家，更是一个了不起的军事家。在对付卑鄙狡猾的小人时，他最善于抓对方的把柄，然后以其把柄来要挟对方，使其为己所用，甘心服从。

在官场为官时，王阳明一直都是一身正气，凡事为百姓考虑，而且颇受皇帝重用，所以他很快做到南京都察院左都御史。后来，王阳明因为成功平定了宸濠之乱而被封爵新建伯，隆庆时加封侯爵。正因为王阳明屡建功绩，有两个奸臣小人想陷害他。

一日，皇上派一个太监去南方某地宣读圣旨。王阳明得知消息后，把这位太监请到当地一酒楼吃饭。当太监上到酒楼的二楼时，王阳明让手下把楼梯撤掉。此时，王阳明从包里取出几封信来，太监看后大惊失色，立马跪地，请求王阳明饶自己一命。原来，这几封信正出自太监之手。当年，宁王朱宸濠在南昌发动叛乱，准备背叛朝廷。王阳明成功平定叛乱之后，发现朱宸濠府邸中藏着很多密信，其中几封信正是这位太监所写，其言语都是在与朱宸濠勾结谋反。

此时，王阳明并没有大张旗鼓地把太监捉拿归案，而是轻声说道："上楼的梯子我早已让众人撤下，这楼上除了你我，再没有第三个人。关于这几封密信的事情，也没有其他人知道。"说完这句话之后，王阳明当着太监的面，把那几封信烧掉。

从此以后，这位太监对王阳明忠心耿耿，无论宫廷中发生什么样的事，他都以最快的速度通知王阳明。

的确，每个人都有把柄，如果你被对方抓住了把柄，很可能一辈子都受他人要挟、控制；反之，如果你抓住了对方的把柄，你就会掌握整个局势的主动权，对方的一言一行都在你的掌控之中。尤其在生死相搏的政治斗争之中，有效利用他人的把柄更为重要。在这里，我们不妨以吉米·卡特与爱德华·肯尼迪竞选总统事件为例说明。

1976年是美国竞选之年，他们在竞选第39任总统。当年在推选候选人时，共和党推荐的候选人是现任总统福特，而民主党派却推荐了吉米·卡特与爱德华·肯尼迪二人。在民主党派的两个候选人中，吉米·卡特是农夫出身，虽然他具有多年担任州长的经验，但与出身贵族、家族势力强大的爱德华·肯尼迪相比，他显然不具优势。既然在硬实力上比不过竞争对手，吉米·卡特只好另想对策，用其他手段来战胜对方。

经过一番周密的策划之后，吉米·卡特开始大力宣扬爱德华·肯尼迪家族的各种丑闻。比如，吉米·卡特向民众宣扬说，爱德华·肯尼迪的哥哥约翰·肯尼迪在任总统期间，在白宫里乱搞女人。为了证明事情的真实性，还找到一个名叫艾丝纳的女人，这女人在新闻界大谈自己与约翰·肯尼迪总统上床的事情。为更进一步丑化肯尼迪家族的形象，吉米·卡特还故意扯出一个黑手党首领，其人多次在公开场合谈论约翰·肯尼迪总统竞选时的种种经历，并说自己曾经帮约翰·肯尼迪总统做过违法竞选的事情。

在竞争对手吉米·卡特强势的攻击下，爱德华·肯尼迪的形象一落千丈。最终，爱德华·肯尼迪败下阵来，而吉米·卡特则成功当选为美国第39任总统。

到了1980年，美国再次竞选总统时，吉米·卡特知道再用原来的那些丑闻来攻击爱德华·肯尼迪已经毫无意义了。于是，他怂恿媒体记者搬出爱德华·肯尼迪女友玛丽·科佩奇开车掉入桥洞的事情，并通过此事来证明爱德华·肯尼迪是一个见死不救之人，批判他不具备国家总统的领袖气质。在吉米·卡特的狂轰滥炸之下，爱德华·肯尼迪再次竞选失败。

然而，吉米·卡特做梦也没有想到，自己只顾着寻找同党爱德华·肯尼迪的各种把柄，却忽视了真正的竞争对手罗纳德·里根。可以说，正是这一失误，吉米·卡特从此结束了自己的总统生涯，而共和党人罗纳德·里根却成功当上了美国的第40任总统！

很多人认为，吉米·卡特之所以能够两度击败竞争对手爱德华·肯尼迪，正因为他真正抓住了对方的“把柄”。吉米·卡特对爱德华·肯尼迪一而再再而三地进行攻击，虽然他早已对吉米·卡特恨之入骨，但在众人的反对指责声中，爱德华·肯尼迪却不敢公然与吉米·卡特作对，只好让自己乖乖地闭嘴。

当我们利用对手的把柄大做文章时，务必要掌握一定的技巧。如果你只把他的把柄作为两人之间的秘密，便可以多次利用，每当你提及“某件事”时，他都会心知肚明，乖乖就范，绝不敢与你撕破脸皮。反之，当你把对方的把柄公布于众，对方为了保全自己的面子，便会与你争个鱼死网破，最后可能是两败俱伤。

最后提醒大家一点，为了不让任何人抓住自己的把柄，在职场或官场中，无论你和对方的关系多铁，都不要轻易吐露自己的隐私。也许，你们现在是无话不谈的知己朋友，但谁也保不准几年之后你们会不会反目成仇。一旦到了那地步，你的隐私也就成了对方控制你的“把柄”，你只能落一个受制于人的可怜下场。无论走哪一步棋，你都将被人捏得死死的。

以硬制硬——对唱白脸的人唱白脸

俗话说："人善被人欺，马善被人骑。"为什么会出现这种现象呢？说白了，这是因为大部分人天生具有一种欺软怕硬的人性弱点。在面对比自己强势的人时，自己就像一个任人宰割的羔羊，乖巧听话，不敢反抗；而在面对比自己弱势的人时，又会表现得盛气凌人、不可一世。

从心理学角度分析，欺软怕硬是一个人性格不健全的行为表现。一般来说，具有欺软怕硬特点的人在与人们交往时，并不是通过互相学习沟通提高自己的能力、素质，并以此获得他人的尊重，他们最擅长通过贬低、伤害别人的方式，提升自己内心的优越感。由此可见，欺软怕硬是某些人寻求心理补偿、消减自我痛苦记忆的一种方式。比如，有些人在年少时经历过太多苦难，甚至遭受过严重的侮辱、欺凌。在成长过程中，这些不良记忆就会深深地刻印在他的心底，难以消失。

为让自己摆脱这种恶劣环境，他们会努力让自己变得更优秀。但由于这类人的心灵已经被诸多"不良记忆"扭曲，所以他们在追求成功的道路上会表现得过于迫切、刻意，即心理学上所谓的"过度补偿情结”。可以说，正是在这种“过度补偿情结”的驱使下，他们追求成功往往是不惜代价、不择手段，甚至是毫无原则、毫无底线的。当他们经过不断努力拥有一定地位、财富之后，开始趾高气扬，对不如自己的人挖苦、打击、欺压，以寻求内心的平衡。然而，由于这种人的性格已接近病态，无论现在的他们已经多么成功，但内心深处始终潜藏着一种“不如人”的自卑感，所以遇到比自己强的人时，他们无法真正做到平视对方，总会不自觉地讨好，甚至会无条件地服从于对方。

“欺软怕硬”者，古代有之，现代也有之；外国人有之，中国人也有之；年老者有之，年少者也有之；女人有之，男人也有之。所以，在社会交往中，我们经常会遇到“欺软怕硬”之人。在这里，我不妨与大家分享我的朋友高杰的有趣经历。

高杰是一名外科医生。某晚，他在病房值夜班，半夜2点钟的时候，进来一名车祸病人。虽然病人只是一点皮外伤，但病人家属却因为车祸纠纷争论不休，严重影响到其他病人的休息。高杰很礼貌地让他们小点声说话，但众人毫不理会。之后，高杰又一次告诉他们，不要在公众场合吵闹，有事出去说。此时，一个身材高大、满脸横肉的人冲高杰嚷道：“外面那么热，我们去哪里呀？再说你管得着吗？！”

正在这时，另一医生叫高杰回值班室。原来，他上班时带来一个西瓜，让高杰去对面护士站借把水果刀。谁知，护士站并没有水果刀，最后只找到一把一尺多长的长刀。高杰只好拿这把长刀去切西瓜。

当高杰身穿白大褂，在半夜三更拎着长刀从走廊路过时，原本吵闹不停的病人家属，瞬间变得鸦雀无声。就连刚才那个满脸横肉的壮汉，也胆怯了几分。几分钟后，病人家属自觉离开走廊，到外面去了。

从朋友高杰的这次经历不难看出，欺软怕硬是人之常态。当他们遇见气势比他们弱的人时，最擅长唱白脸，一副恶狠狠的样子。所以，我们在对付恶人时不要太客气，更不要和颜悦色，而要在气势上镇住他。

有时候，对付这些人，你只有以硬制硬，对唱白脸的人也唱白脸，对方才会乖乖听话。

在人际交往中，我们应该如何对付这类“媚上欺下、欺软怕硬”的人呢？

关于这一点，马克思说：“我们要想战胜魔鬼，首先要让自己变成魔鬼。但千万不要被魔鬼领导，而要学会领导魔鬼。”这句话告诉我们，在对付坏人时，切不可一味地容忍、谦让，而要懂得以恶制恶、以暴制暴。否则的话，我们不但不能感化对方，反而使他们更加嚣张、猖狂。周星驰主演的电影《九品芝麻官》中说，要想斗过奸官，就要比奸官还要奸。另外，凡是看过《聊斋志异》的人，大都对书中《骂鸭》一则不陌生，其大概意思如下：

在城西白家庄有一个村民，他偷了邻居家的一只鸭，悄悄地煮着吃了。天黑之后，他感觉自己浑身发痒。天亮后，他发现自己皮肤上长满了毛茸茸的鸭毛，稍一碰到，就疼痛难忍。此人痛苦万分，但又不敢去找医生看病。

晚上睡觉时，他做了一个梦。梦中有个人告诉他：“你之所以患此怪病，是因为遭到上天的惩罚，而治好这个病只有一个办法，让被丢鸭子的那个人痛骂一顿！”然而，偷鸭人苦恼的是，这位被偷的邻居老头向来大方，无论家中什么东西丢了，他从来不会开口骂人。后来，有人告诉老头：“鸭子是某某偷的，他经常偷鸡摸狗，应该对此人大骂一顿，以作警告！”谁知老头却满不在乎地说：“谁有闲心来骂恶人呢？”

听老头这么说，偷鸭人更是焦急万分。后来，偷鸭人只好把实情告诉老头，并求老头狠骂自己一顿。这时，老头才开始责骂偷鸭人。还别说，等老头骂过之后，他的病果真好了！

读完蒲松龄的《骂鸭》之后，很多人认为这简直是天方夜谭，也有人认为这是作者对“因果报应”的一种理想化描述。当年，读初中的我看完《骂鸭》后，心想蒲松龄这个老翁太不懂科学了，一个好端端的人，怎么会在吃了鸭肉之后身上长出鸭毛呢？随着年龄的增长，当我掌握了更多知识、经历了更多事情之后重读《骂鸭》，才真正悟出其中的精妙之处。

从文字表面来看，蒲松龄是在写荒谬至极的故事，而真实目的是想通过故事来揭示人性。通过《骂鸭》这则故事，蒲松龄告诉众人，在对付恶人时决不能手软，只有真正做到“以恶制恶”才能够让坏人改邪归正。正如故事中的偷鸭人，在他偷了邻居的鸭子之后，由于邻居老头为人宽厚，不与之计较，这反而纵容了他的恶行。然而苍天有眼，为了惩罚恶人，让他长了一身鸭毛，而且又痛又痒。可以说，也正是上天“以硬对硬，以牙还牙”的策略，制服了偷鸭子的坏人。

《道德经》中说，“天地不仁，以万物为刍狗”。天地的法则就是无情，这告诉我们该无情的时候必须不能手软心软。如果对恶人宽容，并不是真正的善良，而是在纵容恶人的恶行。只有学会“以硬制硬”，才能够真正压制对方。民国军阀首领张作霖，正因深谙其中道理，多次用“以暴制暴”的手段降服阴险凶狠的日本人。

有一次，日军杀死了一名中国兵。张作霖知道这件事后大怒，亲自与日本领事交涉，并提出强烈抗议。谁知，日本领事却毫不重视，只轻描淡写地说：“这事情很好解决嘛！”随后，他从写字台上拿起笔，写了一张5万元的支票交给张作霖。

张作霖感觉受到莫大的欺辱，于是命令军队中的一半军人放假回家，并告诉他们遇到日本人就杀。不过，当时已经是深更半夜，路上的行人很少，结果只杀死了两个日本人。等凌晨3点钟时，日本领事气愤不已地找到张作霖，向他阐述了两个日本人被中国兵杀害的事实。此时，张作霖故意学着日本领事的口气说道：“这事情很好解决嘛！”随后，张作霖把日本领事给自己的那张5万元支票交还对方。另外，又写了一张5万元的支票给日本领事。看如此局面，日本领事无话可说，只好悻悻离开。事后，张作霖说：“这就叫以牙还牙。”

为什么我们要学会“以硬制硬、以恶制恶”？俗话说：“小恶养之必为大恶，小善弃之则难为大善。”别说是我们普通人，就算是慈悲为怀的佛家之人，也主张“惩恶即是扬善”的观点。所以，在动乱年间，佛家也向众生传播“我佛慈悲亦惩恶，干戈只为止干戈”的思想。再看看佛教故事中“四大金刚”的形象，他们哪一个不是横眉冷对、杀气凛然，让恶人不敢轻易靠近？！

在有些场合，当别人对你唱白脸的时候，我们也要唱白脸来回应。他们的白脸大部分时候都是假装的，一种欺软怕硬的表现，如果你唱出白脸，他们可能一下子就转为红脸了。作为一名卓越的管理者、一名真正的智者，当面对善良的人，我们要做到仁慈、厚爱，而对险恶之人，我们要敢于用强硬手段来对付他们。很多时候，只有当我们做到“比恶人还恶，比坏人还坏”，才能够降住对方，让他们不敢轻易对我们唱白脸。

第九章

红脸白脸“双面舞”

如何唱好红白脸这出戏

*

红脸白脸就像一场双面舞，同时也像变脸剧场，能演好的人绝对是情商高手。那么，在具体的管理中，我们如何才能唱好红白脸这出戏呢？

红脸白脸管理法——胡萝卜加大棒

在管理学领域，我们经常听到“胡萝卜加大棒”这句话。胡萝卜加大棒，即巧妙运用奖励和惩罚两种手段，以此来控制他人的行为。其实，这一法则来自一句古话，即“要想使驴子前进，就要在它前面悬挂一个胡萝卜，还要一根木棒在后面赶它。”这一管理理论把普通人都假设为“经济人”，认为人的所用行为都是在追求本身最大的利益，其工作的动机也是为了获取经济报酬。此理论认为，人的感情是非理性的，它会干预一个人对经济利益的合理要求。所以，作为管理者，一定要控制下属人员的个人感情。

说到这里，也许有人会问：为什么红脸和白脸的管理方法这么有效？主要有两方面的原因。

其一，表扬的脑内作用。每个人内心都渴望得到他人的赞赏，希望别人能够看到自己的优点，渴望自己的人生价值被肯定。换句话说，即人人都喜欢听好话。当一个人听到表扬的话语时，脑内会分泌一种脑内吗啡，不仅能提高人的记忆力，重要的是能让人产生快感，同时增强人的活力和积极性，从而提高工作效率。此外，人们为了听到更多的表扬，往往会努力修正自己的行为，这也是脑内吗啡的作用。

其二，批评具有预警作用。管理学中有一个定律叫热炉效应，即组织中无论任何人只要触犯规章制度，都会受到应有的处罚。就像火炉散发着热量，稍微靠近就会感到发烫。火炉利用自身的热量起到一定的预警作用，一般人是不会触碰的。同样，白脸管理与热炉具有相似作用，管理者用批评或惩罚的手段来发布一个预警，提醒对方现在的行为和态度是错误的，如果不加以改正就会被“火炉”烫伤。总之，管理者要让下属能感受到批评的警示作用，一般来说员工都会改正行为，并注意以后不再犯类似的错误。

胡萝卜加大棒管理法，巧妙利用了人的两种心理，即对积极事物的趋向心理和对消极事物的躲避心理。人都具有趋利避害的本能，不管是古代人还是现代人，不管是中国人还是外国人，都无一例外。所以胡萝卜加大棒的管理法在全球运用非常广泛。这种管理法不仅被现代人广泛运用，早在千年前，古人就开始运用了。中国历史上经典的“杯酒释兵权”，赵匡胤就巧妙运用了“胡萝卜加大棒”管理法。

有一天，赵匡胤跟赵普说：“唐朝结束以后，天子几经改朝换代，战争频繁不休，百姓民不聊生，这是为什么呢？朕想结束这样的局面，让百姓安居乐业，国家长治久安，怎么才能做到呢？”赵普回答道：“造成天下大乱的根本原因就是藩镇的权力太大，又握有兵权，呈现出臣子强而天子弱的局面。削弱藩镇的权力就是解决问题的办法，这样天下自会太平。”

一日晚朝过后，赵匡胤把石守信、高怀德等禁军将领留下来喝酒。喝到酒兴正浓的时候，赵匡胤突然把所有侍从全部赶了出去，然后叹了一口气说：“虽然我贵为天子，但一点都不开心，如果当初不是靠着你们，我怎么会坐上这个位子？我一直心心念念着你们的功德。但是做皇帝太难了，还不如当初做节度使快乐，我每天都夜不安枕啊！”石守信等人听后赶忙问其中缘由。赵匡胤接着说："这个皇帝谁不想要呢？我一边操心着国家大事，还要时刻担心是不是有人想要夺取皇位。真是累啊！"石守信等人一听，这是话里有话啊，于是赶忙说："如今天下安定谁还敢有异心呢？"赵匡胤说："虽然你们无异心，但是难保你们的手下没有异心呀。如果你们的部下有人想要荣华富贵，把黄袍强加在你们的身上，等到那时就算你们没有造反之心，也已经是身不由己了……"

听完这些话，众将领知道自己已经被猜疑，都害怕招来杀身之祸，于是纷纷跪地恳求赵匡胤给自己一条生路。赵匡胤缓缓说道："你们都是国家的功臣，我怎么忍心对你们下手呢？人生在世短短几十年，该好好享受才是。那些想要富贵的人，不外乎就是想要钱财而已。你们不如交出兵权，我赐你们一闲职，让你们连同你们的子孙后代都衣食无忧。我会与你们联姻，从此君臣一家，两不猜忌，岂不是很好？你们征战沙场多年，也该好好享受享受。"

众人见赵匡胤已经把话说明白，再加上他掌控着中央禁军，纵使心里不平也别无他法。第二天，众将领纷纷上表称自己有病，要求释去兵权。赵匡胤欣然应允，按照之前说的赐予他们高官厚禄，又与他们联姻。这就是著名的杯酒释兵权的故事。

古人云："棍棒底下出孝子。"这种方法简单粗暴，并不值得推而广之。但是，如果父母一味地采取赞赏教育也未必是正确的，适当的"棍棒教育"有助于孩子良性发展。当然，在具体运用时，我们可以用更多惩罚的方法来代替真正的"棍棒"。不仅对子女的教育是这样，企业管理也是如此。从人性角度来分析，人的本性大都疏懒、自私，其"大棒"的作用就是矫正员工的某些不良行为。比如，很多员工对工作总是拖拉松散，每天上班不是迟到就是早退，或者在岗位上也不用心工作。对于员工的诸多缺点，如果不用"大棒"来惩罚，最后大家都会染上不用心工作的坏习惯，久而久之，企业也就倒闭了。

常言道，所有的制度都是来管制"坏人"的，而管理中的"大棒"

的作用，就是让那些有缺点的员工在惩罚的压迫下进入正常轨道。运用“胡萝卜加大棒”管理法需注意的一点是，“大棒”存在的目的并不是真的伤害员工，而是起到一种警醒作用。在红白脸管理法中，作为中层人员，就要敢于帮上司担好“大棒”的角色，该出手惩罚员工的时候一定不能含糊。你的存在，就像悬挂在头顶的一把剑，时刻提醒员工要兢兢业业工作，认真履行自己的岗位职责。只有这样，员工才能够在“大棒”管理下，少出错或者不出错。

红脸管理不独断——集众人智慧者成大事

俗话说:“三个臭皮匠，顶个诸葛亮。”一个人的智慧是有限的，只有集众人的力量才能真正做到所向无敌。那么，为什么谚语中要说三个“皮匠”,而不是木匠、铁匠、瓦匠呢？据可靠资料介绍,“皮匠”属于讹传，其正确的写法应该是“裨将”,即副将之意，指那些冲在战场一线的将领。

凡看过《三国演义》的人大都对“草船借箭”这则故事印象深刻。当时，周瑜为了陷害诸葛亮，要求诸葛亮务必在十天之内造出10万支箭。诸葛亮算定几日之后必有大雾，于是向鲁肃借了20只草船驶向曹操大营，曹操担心船上有埋伏，令众人以乱箭射之。等到日高雾散之时，诸葛亮让人收船返回。此时，曹操知道自己上当，派人急追，但由于诸葛亮的船轻，曹操追之不得。如此一来，诸葛亮不仅轻松获得10万支箭，同时也成功应对了周瑜对自己的暗算。

读完草船借箭的故事，每一个人都对葛亮的智慧佩服得五体投地。然而，很多人却不清楚“草船借箭”故事中的某些细节详情。据说，当诸葛亮想出“草船借箭”计谋之后，便选准时机，命令三个随从部下在

20艘船的两边插上草靶子，然后再以布幔掩盖。当随从按照吩咐布置完毕后，发现这样做会被曹军看出破绽。此时，三个随从想出妙计，但并没有把这种想法直接告诉诸葛亮，而是说等明天安排好之后带领军师看个究竟。第二天，诸葛亮亲自观望，只见每条船的船头上都站着数个稻草人，而且每个草人都身穿皮衣，头戴皮帽。如此逼真装扮，肯定会让曹军上当。从此故事中不难看出，一人智谋难敌三人智慧，智者千虑必有一失。自此之后，民间就开始流传有“三个臭裨将，赛过诸葛亮”这一谚语，即三个在一线行军打仗的裨将，如果能够把他们的经验、智慧集中起来，有时比远在帐中指挥的军师的计策更有效。在众人传说中，“裨将”被讹传为“皮匠”，于是才有了现在“三个臭皮匠，顶个诸葛亮”的说法。

由此看来，当我们做一件事或推行一个决策时，最好不要独断专行，而要善于集中众人的智慧。为什么会有如此观点呢？这是因为每个人的性格不同，掌握的知识结构不同，人生经历各异，所以思考问题的角度也各不相同。即使是最聪明的人，思维也是存在局限的。然而，如果我们把众人的智慧集中到一起，进行优势互补，将会做出一个科学、合理、准确的决策。所以我们认为，善于集众人智慧者才能成大事。关于“集众人智慧成大事”这一观点，20世纪70年代美国哈佛大学的一堂课证明了此观点的正确性。

有位教授问台下的学生：“假如在你们面前有一个杯子，但是这个杯子的底部有一个洞，你们会用什么方法把它给补好？补好这个杯子的报酬是奖励100美元。”由于课堂上的留学生来自不同的国度，教授分别让日本、中国、德国、美国各一名学生来回答这个问题。最后，教授听到的答案如下：

日本留学生说：“我会找一种适合的材料把漏洞堵起来，并且保证这个杯子不会漏水！”

中国留学生说：“我会找一个一模一样的杯子来代替这只杯子，这样既省事又简便！”

德国留学生说：“我会用世界上最先进的技术把这个杯子焊起来，保证它与没有破损前一模一样！”

最后，美国留学生说：“我自己并没有什么好办法。不过，我可以从100美元的奖金中拿出一半，来个有酬征集修补杯子的最佳方法。这样一来，我就可以轻而易举地把杯子修好！”

等答完问题之后，教授把这四个学生的名字都记了下来。因为教授想做一个实验，看这四个学生十年之后都分别在做什么。

十年之后，通过调查发现，中国学生和日本学生都在做着最不起眼的工作；德国学生成了一名著名的工程师；而那位美国学生正是微软公司的首席执行官史蒂夫·鲍尔默先生。

十年之前，教授最看好的是中国学生和日本学生，认为他们的方法最经济、实惠，而且方便、可行；最不看好的就是美国学生，认为这个美国学生也太没有自我主张了。然而，十年之后，教授最不看好的美国学生，竟然是四个留学生中最优秀的人。从管理学角度来说，史蒂夫·鲍尔默的方法的确是最高明的。也许，这一方法将让他失去100美元奖金中的一半，但他却可以用这50美元换来无数个答案，然后集思广益，从众多答案中选出一个最佳答案。由于史蒂夫·鲍尔默在寻找答案时，集中了众人的智慧，所以他的方法往往是最高明、最有效的。作为一名管理者，在做重要决策时，一定要善于集思广益，切不可独断专行，唯我独尊。

那么，如何才能真正做到集思广益呢？我们应该做到以下三点：

第一，冷静思考，不盲目下定论。俗话说：“冲动是魔鬼。”在做决策的时候，如果管理者对一件事情还没有进行全面了解就匆忙做决定，十有八九这一决定是错误的。

第二，不唯我独尊。管理者是企业的主人，大都有“唯我独尊”的毛病。一旦有人提出不一样的建议，就会认为下属在挑战他的权威，于是勃然大怒。下属为不给自己找麻烦，无论领导做什么决策，他们都举双手赞成，不敢说半个“不”字。如此一来，公司将日趋走向衰败之路。

第三，借脑生智，集思广益。作为现代管理者，要想让企业顺利发展，就一定要组建自己的“智囊团”，成员可以是内部成员，也可以是外部的专家人士。总之，我们可以借助众人之智，来成就自己的事业。

领导喜欢说的两句话——“干得好”和“好好干”

在日常管理工作中，一提到如何激励下属，很多领导尤其是中层管理者就开始抱怨：“我只是一个没有实权的经理人，既没有权利帮下属升职，也没有办法给下属加薪，让我拿什么来激励下属呢？”

正在无数管理者为用什么办法来激励下属犯愁时，美国著名企业家玛丽·凯却说：“在这个世界上，有两件东西比金钱更为人们所需要——认可与赞美。”所以，一些智慧的管理者，为了更有效地赞美、鼓励下属，精心总结了两句最为经典的话，即“干得好”和“好好干”。

“干得好”“好好干”虽然只有简单的六个字，却意味深长。所谓“干得好”，是领导对下属成绩的赞美，即对下属过去付出的一种认可；而所谓“好好干”，是领导对下属的一种鼓励，即领导对下属的未来寄予厚望，希望下属再接再厉，在工作中能够有新的突破。

关于赞美、认可对下属的重要性，世界第一CEO杰克·韦尔奇说：“我的管理理论是，要让每一个人都能够感觉到自己的贡献，而且这种贡献看得见、摸得着，还能数得清。”比如，当下属漂亮地完成一项工作任务，你可以打一个私人电话祝贺他，也可以亲手写一张简短的便条对他进行表扬。很多时候，这些与众不同的非正式表扬，比公司正式的表彰会更有效果。

谈到对下属的激励、赞美，古今中外的事例不胜枚举，最为经典的当属曾国藩以腰刀激励下属的故事了。

咸丰二年（1852），曾国藩的母亲去世，他回乡丁忧守制。当时正逢太平军横扫湘鄂豫之地，形势相当严峻。咸丰三年（1853），曾国藩奉旨在家乡湖南办起团练，取名为湘勇，以对付太平军。经过几场激烈的战役之后，湘军相继攻克武昌、汉阳等地。打胜仗的湘勇将领们，根据其官职高低，朝廷都给了相应的级别晋升。但曾国藩认为，自己应该以一种与众不同的方式来激励这群陪他一起出生入死的湘军兄弟们。

经过数日深思熟虑，曾国藩决定以腰刀相赠士兵。于是，曾国藩命令下属去打造100把精美的腰刀，并在腰刀上刻着“殄灭丑类，尽忠王事。涤生曾国藩赠”14个字，另外每把腰刀上都有专属编号。

最初，曾国藩准备把100把腰刀都颁发给士兵们，但在慎重考虑之后，曾国藩决定只颁发50把，以彰显获得腰刀军官的身价。第二天下午，曾国藩举办了一个隆重的授刀典礼，训练场上集合了400多名军官，所有到场的军官都身穿正式朝服，大家都在翘首等待颁奖大会正式开始。

随后，曾国藩命令士兵抬出一个沉甸甸的大木箱。所有人都目不转睛地盯着曾国藩手中的第一把腰刀，心想这编号第一的腰刀究竟会颁发给谁呢。这时，曾国藩沉着威严地喊道：“湖南水路提督塔齐布……”就这样，曾国藩根据编号把50把腰刀发送到不同的军官手中。

从此，曾国藩所赠腰刀成为湘军士兵们的荣誉象征。无数士兵奋勇杀敌，只为能够拥有如此殊荣！

在这里，我们不必对曾国藩行为的对错进行辩论，只需从激励理论的角度来解读这一案例。首先，以马斯洛的需求层次理论来分析，曾国藩授予将士们腰刀，这不只是一种物质的赠予，更是一种精神上的奖励，是最高统帅对士兵们的激励和认可。这是何等的荣耀！

其次，从强化角度的理论来说，授予士兵腰刀，这属于对良好行为的一种正强化。那些渴望拥有腰刀的士兵，要想实现如此夙愿，必定要英勇善战、奋勇杀敌，这在无形中就增强了士兵们的斗志。

另外，从稀缺性角度分析，曾国藩并不是对每一个士兵都赠予腰刀，而是准备了为数不多的100把腰刀。后来，为了进一步强化腰刀的稀缺性，把奖励腰刀的数量减少为50把。可以说，这一举动大大增强了腰刀的激励作用。

从上面的案例中可以发现，金钱或物质上的奖励，随着时间的流逝常常会被淡忘，而一种公众性或组织性的奖励，却可以给人留下深刻的印象。也许，这种奖励只是一句口头上的赞美，或者只是一个微不足道的纪念品，但却能够让被赞美者获得一种崇高的荣誉感。心理学家针对1500名在不同环境中工作的员工进行调查，试图了解他们心中最有效的激励方法。结果，绝大多数员工都认为，领导的认可是最好的激励。

我们都知道，在一个单位中，员工的地位越低，其被重视的程度就越低。比如，处在最底层的清洁工，常常是最被忽视、最被冷落的角色，他们也只能做做擦擦洗洗的工作。然而，在韩国某著名企业，却有一名了不起的清洁工，正是由于她与窃贼的殊死搏斗，才保全公司的保险箱没有被偷走。事后，当问及她为什么有足够勇气与盗贼搏斗时，她却说出了一个让众人吃惊不已的理由：每当总经理从我身边经过时，总会夸奖我扫的地真干净！

美国著名激励学家鲍勃·纳尔逊说："在恰当的时间，从恰当的人口中道出一声真诚的谢意，对员工而言，比升值加薪、正式奖励或众多的荣誉证书及勋章更有意义。"这句话告诉我们，打动人心最好的办法就是要真诚地赞美、激励对方。所以，作为一名管理者，要想让更多的下属跟随你、拥戴你，就一定要掌握赞美、激励他人的艺术，学会说"干得好"和"好好干"这两句话。

唱红脸时巧妙“吆喝”自己，唱白脸时树立威严

中国有句俗语：“酒香不怕巷子深。”这句话的意思是说，如果你的酒酿得好，就算在很深的巷子里，也会有人闻香知味，前来品尝购买。虽然这是一句流传千古的老话，但从现代营销学的角度来分析，这句话并不全对，于是后来便有了与之相对的观点：酒香也怕巷子深。其意思是说，一款产品的质量再好，如果没有好的包装，没有前期的大力推广、宣传，顾客也不会知道这款产品，更不会购买。

“酒香也怕巷子深”这句话不仅在营销学上适用，在管理学中同样有效。比如，在管理工作中，我们常常说“以德服人，以威慑人”。“以威慑人”这一策略对于大部分的管理者来说并不难，只要你懂得在下属面前唱白脸，就能够从阵势上降服他。然而，“以德服人”这一点，很多管理者却很难做到，因为他们不知道怎么通过唱红脸来展示自己的“德”。

其实，所谓的“以德服人”，不仅需要管理者以“红脸”的方式对待下属，更要把自己的“红脸”大声吆喝出来，以示天下，让所有人都知道你是一个为人和善的好领导。正因如此，民间也开始流传“酒香也怕

巷子深”这一观点，管理者要想以“红脸”来感动下属、吸引人才，就一定要善于做自我宣传、包装工作，让众人知道你是一个“重德惜才”的好领导，并纷纷慕名而来。

公元前314年，燕国发生内乱，齐国乘人之危侵占了燕国大量的领土。几年之后，燕昭王即位，消除了内乱。此时，燕昭王决心召集天下有才之士，夺回失去的领土，以振兴燕国。虽然燕昭王命令众臣四处寻找有才之士，但并没有多少人真正投奔燕国。无奈之下，燕昭王向一位叫郭隗的人请教。郭隗明白燕昭王的来意后，给他讲了这样一个故事：

从前有一位国君，准备以千金来买一匹千里马。可是，这位国君花了三年的时间也没有买到。后来，有一位不出名的人物，自告奋勇地说自己有办法帮国君买到千里马。于是，国君把买千里马的事情交给这个人去办。

三个月之后，这个人打听到某户人家有一匹千里马，就向这户人家赶去。然而，不幸的是，当买马人赶到这户人家时，千里马已经死了。于是，买马人用1000金买了这匹千里马的骨头，并把马骨献给国君。

国君看他花费重金却只买来一堆没用的马骨头，心里很是恼怒，而买马人却解释说：“我之所以花1000金买千里马的骨头，是想让天下人知道——大王你是真心实意想买千里马，而不是欺骗众人。这样一来，定会有人主动把千里马送上门来。”果然不出买马人所料，不到一年的时间，就有人给国王送来三匹千里马。

讲完上面的故事，郭隗对燕昭王说：“大王你要想召集天下人才，也要像买千里马的那位国君一样，让天下人都知道你是真心实意在求贤纳士。”燕昭王问郭隗具体怎么做，郭隗说：“你可以先从我开始，当世人看到像我这样的人都能够被大王重用，那些真正有才能的人将会积极投奔大王。”

燕昭王认为郭隗的话不无道理，于是拜郭隗为师，并给予他优厚的俸禄。之后，燕昭王让郭隗负责修建“黄金台”，一揽天下将士。当消息传出之后，很快就形成“士争凑燕”的局势，无数名士纷纷而来。其中有魏国的军事家乐毅、齐国的阴阳家邹衍、赵国的游说家剧辛等。

从此，原本内乱不断、满目疮痍的燕国，开始人才济济，燕昭王知人善用，并给予将士们优厚的待遇。在燕昭王的治理下，燕国很快由弱变强。20多年之后，燕国终于打败齐国，成功夺回失去的领土，将齐国打得只剩下两个小城。

在“千金买马骨”这则故事中，买马人买死千里马是虚，其真正目的是通过此举动来显示自己购买千里马的诚心，从而吸引更多活着的千里马。而郭隗之所以给燕昭王讲“千金买马骨”的故事，是想通过这个故事来启发燕王，要想招贤纳士，就要善于吆喝自己，以实际行动取信于天下，让天下人明白你昭王礼贤下士的决心和诚意，并最终达到招贤纳士的目的。可以说，也正是在郭隗的提醒下，燕昭王开始修建“黄金台”，以表自己招贤纳士的决心，并成功招揽了乐毅、邹衍、剧辛等有识之人。

提到“吆喝”二字，我不得不说一个众所周知的历史人物——曹操。在众人印象中，曹操是一个狡诈、多疑、威严的白脸。然而，纵是这样一个以威示人的白脸角色，却也有着善于吆喝的一面。在这里，我们不妨从曹操“断发”的故事说起。

在一年麦收季节，曹操率领的大军路过一片麦地。沿途的百姓们因为惧怕士兵，都躲了起来，没有一个人敢去田地里收麦。曹操得知这一情况，立即派人挨家挨户告知百姓和看守边境的官吏：现在正是麦熟之际，如有士兵践踏麦田，立即斩首示众。于是，所有士兵在经过麦田的时候，都跳下马来，用手扶着麦秆，小心地走过，没有一个士兵敢践踏百姓的麦子。百姓们看此情景，对曹军的士兵称赞不已。

然而，正在这时，有一只大鸟从曹操的头顶飞过。曹操的战马因受惊吓，惊慌失措地踏入麦田，踩坏了一大片麦田。“如有士兵践踏麦田，立即斩首示众”，这正是曹操的命令，而自己却犯下如此过错。曹操为以身作则，便要求一官员对自己斩首治罪。这位官员无奈地说：“我怎能治丞相之罪？”曹操说道：“我自己都不能遵守军令，还有什么资格让士兵来遵命呢？”说着就准备拔刀自刎，众人赶忙拦住。随后，曹操传令三军：“丞相践踏麦田，本该斩首示众。但由于身负重任，故断掉自己的头发来替罪。”

一时间，曹操断发守军纪的故事在军民之中传为美谈。每当提及曹操，都认为他是一个体恤民心的好领导。

在曹操的人生履历中，有句经典名言是：“宁教我负天下人，休教天下人负我”，从此言可以看出，曹操根本不是一个轻生之人，更不可能因为区区小事而断送自己的性命。那么，在“践踏麦田”这件事情上，曹操为什么会举刀自刎呢？其实，曹操在借“自刎”的幌子来堵众人之口，其真实目的是想向众人吆喝自己的爱民之心。在这里我们不得不承认，曹操不仅是一个能征善战的将士，更是一个演技高超的表演者，能够巧妙地把自己的红脸吆喝出来。

前面讲的是领导者唱红脸的技巧，后面要说的则是“威”，即领导者在唱白脸时，只有真正做到以威慑人，方能镇住对方。在这里，我们不妨用“商鞅变法”的故事来诠释这一观点。

商鞅，本名公孙鞅，是法家著名的代表人物，“少好刑名之学”，推崇以法治国。在秦孝公招贤纳士政策的鼓舞下，商鞅三见秦孝公，分别谈论帝道、王道、霸道治国之道。唯有霸道深得秦孝公之心，于是一场改变秦国命运的变法由此拉开序幕。

为了让变法顺利推行，刚开始商鞅命人在南门外立一根三丈长的木头，承诺谁有力气搬到北门就可获得10金。可是没一个人行动，大家都认为这肯定是忽悠，天上不可能掉馅饼。于是商鞅将奖赏提高到50金，众人仍是观望。最后一个憨傻的汉子将木头扛到北门，竟果真得到50

金。众人惊呆了！这件事一下子成了重大新闻。商鞅的新法也因此赢得众人信服。

然而，由于新法触及当权贵族们的利益，得到他们的强烈反对和阻挠。一时之间，新法的推行遇到障碍。秦孝公为此一筹莫展，甚至开始怀疑商鞅的能力。正在这时，太子也触犯了新法。商鞅趁机对秦孝公说：“新法之所以不能推行，是因为国家上层知法犯法。”于是决定杀一儆百。由于太子是未来王位的继承人，不能施加刑罚，商鞅就拿太子的两个老师开刀，太傅公子虔与老师公孙贾被处以墨刑（在脸上刺字）。秦孝公十六年，太傅公子虔再次犯法，商鞅这次干脆割掉了他的鼻子。众人看到连太子的老师都要受到法律制裁，自己还强硬什么呢？于是新法的推行得以畅通无阻。随着时间的推移，秦国一天天强盛起来。

在“商鞅变法”这一故事中，商鞅刚开始采取唱红脸的办法，用“立木为信”的另类奖赏策略来强化政府公信力。随着新法受到阻挠，商鞅开始采取唱白脸的办法，用“杀鸡给猴看”的狠手段来树立自己和新法的威慑力。看到国家上层有关系有权势的大人物都受到了惩罚，其他人即使心中有所不满也只能打落牙齿和血吞。要知道，人的本性都是欺软怕硬的，有时适当地唱一唱白脸是人生事业得以成功的保障。

所以说，红脸和白脸在管理中发挥着不同的作用。在唱红脸时，管理者要尽量表现得爱民亲民，并尽可能把自己的红脸吆喝出来，让下属更喜欢你；在唱白脸时，管理者要以威示人，让下属不敢越雷池半步。

大忌——自己做好人，让领导做坏人

一谈到职场这个话题，大家就有说不完的话。总之，普通员工有普通员工的苦恼，管理者有管理者的无奈，然而，苦恼最多的要数中层管理者了。凡我认识的处在中层位置上的朋友，大都经常跟我念叨：中层难做。

没错，中层的确不好做。作为一名中层管理者，上面有领导高压着，下面有员工顶着，一不留神就可能会伺机反弹。也就是说，中层管理者既要应对上司，又要与下属斗智斗勇，同时还要做好自己的工作。长期下来，整个人身心俱疲，因此有人形象地把中层管理者比喻成“夹心饼干”。

其实，很多人之所以觉得中层管理者不好做，是因为他没有把自己的位置摆对。一般来说，中层管理人员大都是从基层提拔上去的，虽然做了管理者，但他们的心态还是基层员工的心态。做事的出发点不是从管理的角度出发，而是从基层的角度出发。所以说，一个中层管理者要想做好工作，首先要调整自己的心态，切忌凡事都站在下属的一边，和领导对着干。

孙阳是某公司工程部的中层领导。有一次，他们公司的管理层开会，讨论工作进度的问题。最初，孙阳负责的项目计划是8个月的时间完成，突然，上级领导下达命令说要提前两个月完成。以孙阳部门的人手和工作进度来说，提前完成任务是不太可能的事情。但是上司却说，客户催得紧，而且是长期合作的老客户了，这次对方也是遇到问题才这么催我们，不然不会催的。没办法，孙阳只能回去跟自己的员工们传达消息。

在与下属沟通时，孙阳说："领导那边下令，我们这个项目需要提前两个月完工，以我个人看，这是根本不可能的事情啊。我跟上司争取了老半天，他就是不同意，说什么客户那边逼得急之类的，反正上面说什么就是什么吧，没办法，咱们只能加班加点了……"

接下来的一段时间里，孙阳部门开始了没日没夜的加班，员工都充满了不满，孙阳就跟大家一起抱怨。

孙阳刚开始并没有觉得自己的做法有什么错误，而且还感觉领导不如自己理解下属。直到有一天，领导找他谈话，他才意识到自己做错了。那天，总经理一大早就把孙阳叫到办公室，然后大发雷霆道："你这工作是怎么做的？为什么你部门的人都跑到我这里来反映问题？这些问题不应该是你解决的吗？你难道不懂得安抚员工的情绪吗？如果是这样，我要你干什么？要明白，你现在处在中层管理者的位置，你的职责是协助自己的上司解决问题，而不是和员工一起抱怨！"

在这个案例中，孙阳错就错在自己在下属面前唱红脸、做好人，而领导却不知不觉唱了白脸、做了坏人。这样一来，他不仅激化了高层管理者和基层员工之间的矛盾，而且使高层管理者在员工面前失去了原有的威严。在管理工作中，学会让领导做好人、自己做坏人，这是一名中层管理者应该具备的基本素质。

作为中层管理者，在工作中起着上承领导、下达基层的纽带作用。

所以，一名出色的中层管理者，不仅需要具备协调上下的能力，更要懂得摆正自己的位置。比如，当领导与基层员工发生矛盾或冲突时，作为中层管理者，要善于唱白脸做“坏人”，并把唱红脸做“好人”的机会留给高层领导。

另外，中层管理者决不可越位。无论你是刚刚被提升的中层管理者，还是在中层位置上工作了多年，无论你是在企业单位，还是在机关单位，只要你想让自己成为一名出色的中层管理者，就一定要懂得推功揽过，学会把问题留给自己，而把功劳留给上司。

不越位，分层次唱好红白脸

孔子说："不在其位，不谋其政。"其意思是说，如果一个人不在那个职位上，就不要考虑那个职位的事情，也不要做任何跟那个职位有关的事情。但是一直以来，对孔子的这句话，众人都是褒贬不一。那些反对孔子观点的人认为，孔子是在向大家灌输一种"事不关己，高高挂起"的自私行为。

其实，孔子说这句话的目的是告诉大家，一个人要做好自己的本职工作，不能越位去管理别人的事情，即我们通常所说的各司其职。说白了，就是你该干什么就干什么，不该你干的事儿不要瞎掺和。在一个企业当中，人员有不同的分工，根据自己的能力该干什么就干什么，一个擅长跑销售的人，你让他去做文案写作，他也未必做得来。大千世界，每个人都承担着自己的角色，也有自己擅长之处，所以要尽最大努力做好自己的工作。这就是孔子想要表达的思想。

在一家企业中，公司经营者作为最高管理层，负责的是企业的决策权，针对企业的发展情况制定未来走向，同时代表着企业的形象和精神；中层管理者则是在高层管理和普通职工之间承上启下的人，保证任务的执行和完成，解决员工工作中出现的各种问题；普通员工就不用说了，就是负责具体工作的执行。

管理工作中，“越位管理”不仅仅指“以下犯上”，也指“以上犯下”。在这里，我们不妨通过具体的案例来说明这一道理。

晓晴在一家贸易公司做销售主管。虽然她身处中层管理的位置，却总是把自己当成普通员工。每当员工与高层之间出现分歧、矛盾，她不但不帮领导解决问题，反而带领员工与老板一争高低。

为此，老板总是对晓晴吹胡子瞪眼，但晓晴却不知道自己错在哪里。后来，一位有经验的同事给晓晴指出问题，晓晴这才恍然大悟，原来自己犯了“越位管理”的职场大忌。

一个人不管处在职场的哪个阶层，都不要做出“越位”行为。古人有句话叫“各扫门前雪”，这句话在大多数场合属于贬义，但从管理的角度分析，我们可以理解为每个人只需做好自己的本职工作即可，切不可盲目去做那些不属于自己职责范围内的工作。

与晓晴相比，同样是中层管理者的苏军，其在管理工作中就做得恰如其分。苏军知道中层管理者的职责是唱白脸的，所以在日常工作当中，每当高层与员工之间出现矛盾，他总是第一个出面唱白脸。虽然孙军给下面员工的印象是严格、威严，但这并没有让他成为人人讨厌的管理者。相反，无论是上司还是下属，都非常喜欢他。

想知道苏军是怎么做好“夹心饼”这一角色的吗？其最大的智慧就是，在恰当的时候对下属唱白脸，而把唱红脸的机会留给自己的老板。

有一次，领导给苏军的部门布置了一个很着急的任务，要求他们必须按时间完成。苏军知道这个任务一旦布置下去，员工们肯定都会抱怨连天，因为这需要整个部门的员工牺牲一个月的周末来加班工作。

为缓和下属们的抱怨情绪，苏军在宣布任务时说道：“有一个重要任务，是我从领导那里争取过来的，这个任务必须超额完成。如果有谁敢不配合工作，擅自请假，必将严格处罚！”随后，苏军缓和语气说：“虽然完成这个任务需要大家牺牲休息日，但这将会提升我们在整个公司的分量。为了犒劳大家，公司的上层领导已经承诺，在五一期间将会奖励我们整个部门3日度假游。另外，如果能够超额完成任务，我们这个月的项目奖金也是非常可观！”

听苏军这么一说，下属们的不满情绪一扫而光，转而变成了期待和向往。在这种兴奋情绪的激励下，整个部门都干劲十足。一个月之后，所有任务超额完成。为此，苏军不仅获得了上级领导的表扬，同时他也兑现了对下属奖金和度假游的承诺，使下属们真正得到了实惠。

从上面的案例中可以看出，苏军是一个出色的中层管理者。在需要驯服下属的时候，他毫不退缩地充当了唱白脸的角色，使下属在工作中不敢有丝毫的怠慢，从而为高层管理者减掉了不必要的麻烦。而在需要唱红脸的时候，苏军又巧妙地把领导“请”出来，以领导的名义来奖励大家“3日度假游”，其管理策略真可谓灵活多变、进退自如。

总之，一个人要想把工作做得出色，就一定要给自己准确定位。如果每个人都不做本职工作，喜欢越位掺和上级或者下级的工作，必定会把整个公司搞得一团糟，整个企业将处于混乱的困局之中。

第十章

红白脸这样唱最圆满

对于红白脸我们该知道的那些事

*

意大利作家马基雅维利写过一本政治著作叫《君主论》，是拿破仑生前最喜欢的一本书。书中有一句经典名言是：“痛苦要一次施尽，好处要慢慢施与。”用红白脸的观点来看，唱白脸给予痛苦的时候要雷厉风行，唱红脸给予奖赏的时候要细水长流。

不做马后炮——唱红白脸要趁热打铁

古代兵书《司马法》中云:“赏不逾时，欲民速得为善之利也。罚不迁列，欲民速规为不善之害也。”意思是说，奖赏时不要超过时间，必须及时奖励，这是为了让官兵尽快得到做好事的益处；当场惩罚，是为了让官兵快速看到做坏事的害处，从而以此为戒。

这段话虽然出自距今几千年的战国时期，但却与现代心理学的奖罚理论不谋而合。从行为学角度分析，如果某行为与该行为的激励（或奖罚）之间间隔时间过长，就很难达到良好的激励（或惩罚）效果。所以，在管理工作中，无论是红脸者的奖励、赞美，还是白脸者的惩罚、批评，都一定要遵循一个“快”字，使那些积极的行为及时被强化，使那些消极的行为及时被遏制。而且，这种强化或遏制将在很大程度上影响一个人以后的行为方式和目标。关于对下属奖赏的及时性，最经典的案例就是商鞅“立木为信”的故事了！

春秋战国时期，商鞅在秦孝公的支持下主持变法。当时的秦国战争不断、人心惶惶，商鞅为树立威信、推出变法，命人在城南门外立起一根三丈多高的木头，并当众许诺，谁若把这根木头搬到北门，奖赏黄金10两。围观者都不相信，如此轻易之举就能获得十两金子？不可能的事情，天上怎能掉馅饼？肯定是忽悠！所以大家都围着看热闹，没有一个人动手搬木头。

商鞅见众人不信，又将原来10两黄金的奖赏提升为50两黄金。正如古人所言，重赏之下必有勇夫，果然有一个缺心眼的傻汉愿意尝试。当傻汉成功地将木头从南门扛到北门，商鞅立即赏了他50两黄金。接下来，商鞅开始在秦国大力推广自己的变法新规，这下大家都踊跃配合，没有一个人不相信他说的话。从此之后，秦国逐渐强大起来，并最终成功统一了六国。

俗话说："机不可失，时不再来。"在这个案例中，商鞅正是因为抓住了奖励的最佳时机，及时给予对方奖励，从而增强了众人对他的信任。可以说，正是商鞅的这一举动，成功地树立了威望。

由此可见，奖励是一门学问，更是一种艺术，你要想管理好下属，就一定要掌握这一门艺术。如果认真观察企业的管理者，则会发现很多公司领导都不太重视对下属的奖励。在工作过程中，无论是大奖励还是小奖励，一律集中到年终一起进行。然而他们却不知等到时过境迁，当被奖励者N天之后再站在领奖台上时，当初那种渴望被肯定、被表扬的激动劲儿早已消失殆尽，即便领导如何表扬他、奖励他，也已经丧失了应有的激励效果。另外，更有一些吝啬的管理者喜欢开"空头支票"，让员工做事情之前，总是给员工承诺得"盆满钵盈"，然而事后却找各种借口推诿，任员工望穿秋水，却迟迟不兑现自己当初的承诺。这样一来，不仅挫伤了员工工作的积极性，而且管理者这种失信于人的行为严重损伤了他自己形象，从而丧失权威和诚信。

那么，管理者应该如何及时奖励、激励员工呢？

在这里，我们不妨学学福克斯波罗公司的"金香蕉"奖励政策——

美国福克斯波罗公司创立之初，有一个重要项目急需技术改造，为此公司总经理一筹莫展，直到深夜还在办公室苦思冥想。正在这个时候，公司的一名技术工程师拿着自己研究出来的方案闯进总经理办公室。就这样，一个长期无法解决的技术难题，终于被攻克了。

总经理兴奋不已，准备给这位工程师进行奖励。然而，总经理翻遍整个办公室，也没有找到一件像样的东西。此时，总经理刚好看到茶几上放着一只香蕉，于是拿起这只香蕉，郑重地对工程师说："你是好样的，这只香蕉送给你！"

虽然一只香蕉并不昂贵，却是总经理当时唯一能够奖赏下属的东西。自此以后，福克斯波罗公司的管理层模仿香蕉形状制造出了精美的金质奖章，奖励那些为公司做出巨大贡献的员工。

作为一名管理者，在对下属的管理过程中，一定要坚持"赏不逾时，罚不迁列"的原则。当下属做了积极、正确、值得鼓励的事，一定要及时给予表扬或奖励。这样一来，不但对积极行为起到了宣扬效果，同时也激励了做好事的人，使他的"好"继续保持；同样，当下属做了消极、错误的事情，就应当立即惩罚、批评，这样一来才可以达到"杀一儆百"的威慑效果。

在这里我们不妨听一则"田穰苴斩庄贾"的历史故事：

春秋战国时期，当时齐国国君齐景公在位，晋国侵占了齐国的阿城和甄城，黄河南岸一带又被燕国掠走。为此，齐景公忧心忡忡，寝食不安。见此情景，大夫晏婴给齐景公献策说："田穰苴文能服人、武能威敌，请陛下任他为将！"次日，齐景公召见田穰苴，并与田穰苴探讨对敌策略。齐景公极其欣赏田穰苴的才华，果断命他为将，让他领兵抗击晋、燕两国。

此时，田穰苴向齐景公请求说："臣出身卑微，陛下一下子把我从平民提拔为将士，我担心士兵会不尊重我，百姓也会不信任我。我希望陛下能够派一名宠信大臣来担任监军，以壮我军威风！”齐景公答应了田穰苴的请求，于是派自己的宠臣庄贾来担任监军。田穰苴告辞齐景公，并与庄贾约定第二天正午在营门集合出兵。

第二天，田穰苴早早来到军营等候庄贾，并以立标杆和滴漏的方式来记时间。而这时，庄贾的府中却热闹非凡，众朋友听说庄贾出兵远征，便纷纷送行。庄贾天生性格骄横，又仗着自己是齐景公的宠臣，所以根本没把田穰苴放在眼里。

正午时分一到，准备出兵的将士排列整齐，整装待发，却不见庄贾的影子。田穰苴派人去庄府请监军庄贾。此时，庄贾酒兴正酣，突然家丁报告说，门口有士兵请大人去军营监军。庄贾却讽刺田穰苴说：“平民百姓当将军，爱把鸡毛当令箭！”

太阳马上就要落山了，田穰苴将军队检阅完毕，仍没有等到庄贾。田穰苴对副将说：“劳驾你亲自去庄府一趟，务必当面告诉他，出征将士已经恭候他多时了！”

庄贾见又有人上门催促，愤怒地责骂道：“大胆包天，竟敢私自闯入我的府中！”副将说明来意，庄贾不耐烦地说：“你先回去告诉田穰苴，就说我马上就到！”

正在这时，忽有快马来报，说齐国又有一个城池失守。田穰苴听此消息双眉紧锁，准备亲自去庄府找庄贾。这时，庄贾乘着马车来到军营，田穰苴责问庄贾为何不按时到达营中，庄贾却嬉笑着说：“有几个朋友送行，陪他们喝了几杯，所以来迟了。”

田穰苴威严地训斥庄贾道：“监军大人，你应该明白，将领在接受命令时，要忘掉自己的家庭；军队在宣布纪律的时候，应该忘掉自己的父母；而战鼓擂响的时候，就应该忘掉自己的性命！现如今国家危在旦夕，百姓生灵涂炭，你作为部队监军，竟然还有心思饯行？”随后，田穰苴向军法官问道：“将领不按照规定时间来到军营，应当何罪？”军法官回答：“应当斩首！”此时，庄贾才意识到大事不妙，赶忙派人去向齐景公求情。但还未等到派去的人回来，田穰苴已经把庄贾斩首，并告示三军。整个军营听后震惊不已。

见田穰苴做事如此果断，且铁面无私，士兵们精神振奋、斗志昂扬。晋国的战士们听到这一消息后，还没等双方交战，早已惊慌而逃。燕国的军队听到这一消息，乖乖地从黄河以南退到黄河以北。田穰苴率兵乘胜而追，很快收复所有的失地。

在这则故事中，田穰苴深知自己出身卑微，无缘无故被封为将领可能难以服众，所以他当务之急并不是带兵打仗，而是以威慑人，让所有的将士都心甘情愿服从自己。此时，不识时务的庄贾刚好撞到刀口上，田穰苴只好拿庄贾开刀。为避免夜长梦多，田穰苴以迅雷不及掩耳之速处死了庄贾。这样一来，田穰苴不仅除掉了军中一害，而且达到了“杀鸡给猴看”的震慑效果。在对庄贾的惩罚上，田穰苴真正做到了“罚不迁列”的惩罚原则，从此将士们再不敢藐视军令，战斗力一下子增强了。

自古至今，奖罚都是管理者必备的有效手段，尤其是奖罚的及时性，严重影响着奖罚的效果。比如，同样是奖励，及时奖励不但让被奖励者获得了被肯定、被赞美的喜悦感，而且管理者还可以借奖励之事鼓舞士气，使整个团队斗志昂扬；而延迟奖励的行为，则往往使众人对工作丧失激情，令整个团队死气沉沉。再比如，同样是惩罚，及时惩罚可以达到“防微杜渐”的警示效果，使众人以此为戒；而延迟惩罚，则往往会令众人漠视法规，甚至明知故犯，从而严重扰乱整个团队的秩序。

作为一名英明的管理者，无论你唱红脸还是白脸，都要趁热打铁，绝不要做于事无补的“马后炮”。

先小人，后君子——先唱白脸，不为日后埋隐患

中国有句俗语说：“丑话说在前头。”究竟什么样的话才叫丑话呢？丑话即指那些不中听但真实的话。虽然这些一针见血的“丑话”过于直白，听起来刺耳，但却能超越流俗、揭开情面，把事物的本相说明白。所以，“说丑话”并不是一个人斤斤计较的表现，而是一种“先小人、后君子”的处事风格。

比如，当我们去商场买东西，商家总会在店门口写着“试鞋不能沾地、内衣不可上身、酒水不许开瓶”等提示性的语言。其实，商家的这些提醒，正是他们“先小人，后君子”的一种经营策略，以防买卖双方在交易过程中发生不愉快的事情。

再比如，当你和朋友合伙做生意时，就算你们的关系再亲密，也要学会亲兄弟明算账。朋友在合伙做生意之前，先把计较利益的话说出来，然后再谈朋友之间的情意。说到这里，可能有人会说：“如此斤斤计较，多伤朋友情感啊？这样的事情我可做不来！”其实，换个角度来说，如果与你合伙的这个人本身就是君子，他不会计较你什么，反而因为你的认真而给了他一颗定心丸，让对方明白你不是一个见利忘义的伪君

子。退一步来说，万一你遇到的人是爱贪便宜的家伙，如果你能够坚持“先小人，后君子”的处事作风，凡事把丑话说到前头，也就从根本上预防自己日后上当受骗。

“先小人，后君子”，这话不但适用于唯利是图的生意场，同样适用于关系复杂的社交场。比如，有些人总喜欢找朋友借钱，朋友碍于面子，在借给他钱时也不好意思立字据、写欠条什么的。如此一来，他们就可以赖账不还。就算朋友闹翻把他告到法庭，由于没有留下任何证据，最后也只能吃哑巴亏了！关于借钱不还的问题，朋友A君就曾遇到过。

有一次，A君的一个朋友找他借了两万块钱，但是过了好久都没有还钱的意思。A君也不好意思主动张口要，就一直等。没想到的是，等来的不是对方还钱，而是又借了一些。两年后，当A君鼓足勇气向对方要钱的时候，对方竟然说自己不记得这事情了。当时，A君在借给对方钱时，并没有留下任何的字据和凭证，自然只能哑巴吃黄连，有苦说不出了。

这样的情况你遇到过吗？如果有，你是怎么解决的呢？解决这个问题最好的方法就是：在借给对方钱之前，先拉下脸面，让他写一个借条，作为以后要账的凭据。

“先小人，后君子”，这是一种能避免不少麻烦的处事原则。如果A君在借给朋友钱时，提前说：“借给你钱可以，但是必须要给我写一个欠条，并注明还款日期。”这样一来，自然就不会吃这样的哑巴亏了。

如今，“先小人，后君子”的方法开始被越来越多的人接受，并被用于越来越多的场合。比如，很多年轻人在结婚之前会去做财产公证。这在老一辈看来是不能接受的事情，既然两个人都到了结婚的份上了，干吗还要在金钱上那么计较呀！这其实是一种“先小人，后君子”的方法，如果万一哪天两个人分开了，在财产问题上也好解决，省得为了财产让两个人闹到公堂。到那个时候，就算你能够让自己做君子，又怎么能够保证对方不是小人呢?

“先小人，后君子”的方法在管理中也很有用。作为企业的管理者，如果你总是对下属宽宏大量，无论他们犯了什么错误，你都是忍让、包容，如果突然有一天，你因为下属的错误而发了脾气，他们由此就会记恨你，他感觉你不如以前对他们好了。相反，如果你在刚开始的时候对下属要求比较严格，对他们的错误严加批评，在以后的管理中，如果你对他们稍微宽容一些，他们就会感激万分，认为你是一个善待下属的好领导。在这里我们不妨举一个例子。

某广告公司客户部经理赵刚接到一个客户企业宣传的任务，这个任务很重要。但是，赵刚在给下属们安排任务的时候只是说：“大家一定好好干，如果干好了，每个人都有奖金。”然后他就去了自己的办公室。等到规定的日期，赵刚去检查工作完成的情况，结果发现很糟糕，而且因为这次工作的失误，使公司丢掉了那个大客户。为此，员工不但没有拿到赵刚许诺的奖金，而且被扣了工资。在这件事情发生之后，赵刚手下的每一个人都对他怀恨在心。

赵刚的做法无疑是刚开始只是简单安排，并没有采取“先小人，后君子”的做法，从而把自己搞到难以收场的悲惨局面。下面这件事和赵刚公司的事相似，部门经理刘斌在向下属传达命令、布置任务时，就采取了“先小人，后君子”的方法。

接到上级任务后，刘斌对下属说：“上面很重视这个任务，而且下了死命令，要求我们必须在规定时间内完成，如果完不成任务，我们部门所有人都会被扣罚整月的工资，搞不好还会走人。”

听了刘斌的话，每个员工都十分重视，大家都在尽职尽责地做事。但是，在项目进展到一半时出现了问题，所以任务未能按时完成。尽管如此，还是没有耽误客户的工期，最终结果还是比较满意的。按照刘斌当初说的那样，每个人都扣了钱，作为惩罚，只是扣掉了一部分工资而已，并没有扣除所有的工资。为此，大家对刘斌感激万分，认为他是一个为下属着想的领导。

在上面两则案例中，赵刚和刘斌同样是给下属安排任务，同样是因为没有完成任务而扣掉下属的工资，为什么下属们对此事做出的反应各不相同呢？其根本原因在于，赵刚是以“先君子，后小人”的方式管理下属，使下属对他抱以过高的期望，而当不幸被克扣工资后，下属们获得奖金的希望破灭，于是把所有的原因都归咎到赵刚身上，于是对赵刚怀恨在心。

而聪明的赵斌是如何做的呢？他在管理下属时，运用了“先小人，后君子”的管理策略。当他对下属们安排任务时，明确强调：“如果完不成任务，部门所有人都会被扣罚整月的工资，搞不好还会走人。”这句话是很有威慑力的，起到了强大的催促动力。最后，下属没有完成任务。这样一来，“扣一月工资”已经是下属们默认的惩罚措施。后来，公司并没有扣他们整个月的工资，只扣了一部分。这一结局远远高于下属们的期待，所以下属认为这个结果是上司赵斌努力争取过来的，固然对他感激万分。

中国有句俗语叫“鞭打快马”，其意思是说，一匹马跑得越快，挨鞭子的次数就越多，因为主人希望“快马”能够跑得更快。而对于那些不成器的“慢马”，主人则信马由缰、毫无期待，就算他们做错了事，也总是视而不见。这一现象在管理领域非常普遍。比如，如果某领导对下属总是和颜悦色，从来不批评他们，哪天这个领导说话的语气稍微强硬一点，下属们就会受不了，认为领导不如以前对自己好，故怀恨在心。相反，如果某领导不苟言笑，对下属不是批评就是责骂，如果有一天这个领导突然面带笑容与下属聊上几句，下属则会有一种受宠若惊的感觉，自然对领导感激万分。

所以，明智的领导始终坚守“先小人，后君子”的管理原则，当下属犯错时，他们先唱白脸，严厉地批评下属，当把对方的内心打压到最低点时，再开始转唱红脸，以红脸的和善来安慰对方。就这样，一文一武、一慈一威、一宽一严，让对方瞬间从“地狱升到天堂”。如此一来，对方哪有不对你感激万分的道理呢?

红脸重惊喜——让众人心花怒放的秘诀

有一位老板接到一笔大生意，这批货物必须在半天之内搬到码头上装船，老板在兴奋之余又有点为难，因为任务时间太紧，货物又特别多，最让老板为难的是手底下的人手不够。该怎么办才能在现有的条件下完成任务呢？老板灵机一动，想到了一个办法。

中午的时候，老板亲自下厨给员工们做饭，他做了好多的红烧肉，在每一位员工的碗底都藏了几块香喷喷的红烧肉。吃饭的时候，老板亲自把饭一碗一碗的端到桌子上，对员工们说："大家最近辛苦了，今天的饭是我给大家做的，大家赶快吃吧！"员工们在吃饭的时候，发现自己碗底藏着几块红烧肉，不明情况的员工们以为只有自己碗里才有，他们生怕别人发现藏在自己碗里的肉，于是都偷偷地吃掉了。

到了下午干活儿的时候，大家都十分卖力，工作效率比往常高了很多，用了一下午的时间就把所有的货物搬完了。

在这个故事中，老板的高明之处就在于，他让每个员工都认为，只有自己的碗里才有红烧肉，自己在老板眼里的感觉是与众不同的。如果老板把一盘红烧肉放在餐桌上让大家共享的话，激励的效果可能也会有，但绝对没有藏在员工的碗里来得效果明显。

其实，这个老板利用的就是人们希望得到重视、赞许的心理，这的确是一种有效的激励体制。可以说，每个人都希望被认可，希望受到领导的重视，当他认为自己被领导重视的时候，心里就会产生一种幸福感。为了让自己日后得到更多的认可和赞许，他就会付出比往常更多的努力，工作效率自然就会提高很多。

负责唱红脸的人，除善于鼓励、赞美对方外，更要善于制造一种意料之外的惊喜，让他们在这种惊喜的激励下更卖力地工作。比如，在上面的故事中，老板事先并没跟任何人透漏过自己的想法，当员工们发现自己的碗底藏着几块红烧肉的时候，第一反应就是惊喜，然后想到是因为自己表现好，被领导重视、认可，所以他们在搬运货物的时候都非常卖力。试想一下，如果老板提前告诉大家，今天中午吃红烧肉。员工们就会开始期待，开始构想，甚至认为红烧肉这种奖励太小了。反之，如果这种激励行为悄悄进行，员工就不会在这方面产生期许。这个时候，几块小小的红烧肉，就起到了很大的激励作用。所以，作为管理者，要想调动员工工作的积极性，就要善于动脑筋，学会用不同的“惊喜”来激励下属。

老王是我高中时候的同学，大学毕业几年后就开始下海做起服装外贸生意。有一次，他们公司接了一批服装定制的大项目，当时还有其他几笔小的订单没有完成。为赶时间，员工们只好通宵达旦地工作。连续加班一周之后，任务已差不多完成了十之八九。此时，员工们最渴望的事情就是能够舒舒坦坦地过个周末。谁知，到了周五的时候，员工们接到周六照常上班的通知。大家虽然不情愿，但也只能接受。

周六，所有人都像往常一样来到公司，发现老王早已在办公室了。等到所有人都到齐之后，老王说：“大家上周干得不错，订单的任务也完成得差不多了，今天我们什么活儿都不干，聚在一起吃顿饭！吃完饭大家就回家好好休息，周一下午上班！”听了老板的话，办公室里爆发出一阵欢呼声。事后大家都说，老板这个惊喜给的真是太好了。

一天24个小时，其中有三分之一甚至更多的时间在工作中度过。如果一个人所在的工作环境不好，心情不舒畅，就很难全身心地投入工作。所以，作为管理者，要想让下属更激情地投入工作，就要学会营造一种轻松、舒适的工作氛围，并善于制造出乎意料的惊喜。

管理大师坎特说："薪酬是权利；认可是礼物，是惊喜。"这句话告诉我们，虽然每个人都是为薪酬而工作，但很多时候，薪酬并不能给员工带来精神上的兴奋和满足。反而领导者一句不经意的赞美或者一个鼓励的眼神，却能够带给员工一种意想不到的惊喜。

那么，究竟如何为下属制造惊喜呢？其实方法有很多种。比如，在对方生日的时候，送上一份意想不到的礼物；在员工遇到困难时，给他送去意想不到的帮助和支持；甚至是在大家想不到的时候，请大家吃一顿饭。总之，只要你有心，人生处处皆惊喜。

先给黄连再给甜豆，让对方尝尽苦尽甘来的滋味

意大利作家马基雅维利写过一本政治著作叫《君主论》，是拿破仑生前最喜欢的一本书。书中有一句经典名言是："痛苦要一次施尽，好处要慢慢施与。"用红白脸的观点来看，唱白脸给予痛苦的时候要雷厉风行、速战速决，唱红脸给予奖赏的时候要细水长流、惊喜不断。

从管理学的角度来分析，这句话告诉我们，管理者要坚持"先惩后奖、快罚慢奖"的奖罚原则。所谓先惩后奖，即管理者在激励下属时，要先惩罚、批评下属，然后再奖励、批评下属，这种"先抑后扬"的方法容易给对方留下好感。如果先表扬、奖励，后批评、惩罚，刚才奖励的那种喜悦心情很快会消失，最终会给下属留下不好的印象。而所谓"快罚慢奖"，即管理者在惩罚、批评下属时，尽量一次性完成，不要拖拖拉拉；而在奖励、表扬下属时，要善于细水长流，让对方持续不断地品尝到被奖励的甜头，从而给人一种苦尽甘来的滋味。如果管理者不懂奖惩策略，对下属总是一味地奖励而不惩罚，下属就会变成一只贪吃的懒猫，认为工作与不工作都一样、干好与干坏都一样，自然就丧失了工作激情。

某企业老板王总，为人和善，在对员工的管理上，总是只唱红脸不唱白脸，他激励下属的唯一办法就是不停地给员工加薪。为留住员工，无论大小节日，王总都会给员工发各种福利、奖金等。

其中有一位销售主管刘坤，王总更是宠爱有加，就连他过生日，也都是王总大包大揽、一手操办。刘坤被老板如此看重，按理说应该卖力工作才对。然而，正是由于老板对他过度的重视和过于频繁的奖励，反而让刘坤失去了被奖励的兴奋、激动，开始敷衍工作、不思进取。

公司另一部门的主管郭嘉，待遇没有销售主管刘坤高。他看到连老板宠信的刘坤都在敷衍工作，心里开始琢磨：“公司内拿高薪的人都不用心工作，我每个月才拿这么点薪水，何必为工作拼命呢？”从此之后，每当上班，公司大部分员工都在百无聊赖地上网聊天，没有几个人真正用心工作。

王总发现问题的严重后，开始由红脸转唱白脸。他不仅对刘坤提出警告批评，而且扣掉了他的季度奖金。谁知，刘坤却是个不厚道之人，丝毫没有顾及王总之前对他的厚爱，半个月之后提出离职。更让老板痛心的是，刘坤离职时不仅带走了公司的技术机密，还挖走了公司的几个销售精英。为此，一个好端端的公司差点陷入破产的境地。

从上面的案例可以看出，在对下属的奖罚上，这种“非奖即罚”的激励措施是不可取的。管理者要想真正管好下属，让他们长长久久地跟随你，就要善于运用“先给黄连汤，后给甜豆”的激励方法，使他们在先罚后奖的过程中，真正体会到苦尽甘来的感觉。而对于那些没有犯错的好员工，要想达到更好的激励效果，在奖励对方时，切不可一股脑儿地把好处给完，而要善于运用一些小技巧。

某企业的一名销售主管在一年里取得了不错的销售业绩。到了年终的时候，总经理根据他的业绩想要给他13万元的奖金。但这个老板不是简简单单的就把这13万元给了销售主管，而是把销售主管叫到办公室里说："因为你本年度的销售业绩突出，公司决定给你10万元的奖金。"听了这话，销售主管非常高兴，紧接着总经理又问："这一年你陪你妻子多少天？"销售主管一愣说："我今年在家不到10天。"总经理说："真是苦了你妻子了。"说着又拿出一万元递给他说，"这一万元奖励你妻子，谢谢她支持你工作。"紧接着，总经理又问："你孩子今年多大啦？你陪他玩过几次？"销售主管回答说："我儿子今年6岁了，我平时没时间管他。"总经理又拿出一万元放到销售主管手里说："这一万元奖励给你的孩子，替我告诉他，他有一个好爸爸。"到这里，销售主管已经感动得不行了，谁知道总经理又问："你今年跟父母见了几次呢？"销售主管有点难过地说："没时间去看爸爸妈妈，就打过几次电话。"听完这话，总经理又拿出了一万元给销售主管说："这一万元是给你的爸爸妈妈的，要替我谢谢他们为公司培养了一个这么优秀的人才！"这时候，销售主管已经感动得哭了。

试想一下，如果总经理直接把这13万元给销售主管，会有这么好的效果吗？同样的钱，用一点小小的技巧给对方，就会起到翻倍的效果。这样一来，这个销售主管肯定对公司更加忠诚，工作也会更加卖力气。这样的效果想必是所有管理者都想要的。

不过，需要强调的是，这种方法仅仅适用于自觉性强的员工，你给他甜豆吃，他就会给你创造更多的价值。但对那些自觉性较差的员工来说，这个方法就不管用了。这时，你需要换一种激励策略。比如，在激励、奖励对方时，适时地给他来点黄连汤喝。另外，就算自觉性强的员工，同样也有出现懈怠的时候。这就需要管理者及时观察下属是不是出现了消极情绪，然后及时给予"黄连汤"，并有效进行排解。

凡是成功的管理者，他们手上一定有两样东西：甜豆和黄连。他们既不会一直给下属甜豆吃，也不会一直给下属黄连喝，而是黄连和甜豆交替运用，如此才能让下属一直保持活力，对工作充满激情。

见好就收，该“下坡”时就下坡

自古以来，人们都喜欢听好话，讨厌听难听话。在工作中，每个下属都渴望被领导表扬，而逃避被领导批评。但对下属的管理中，尤其当面对犯错的下属时，领导在唱红脸的同时也避免不了要唱唱白脸。所以，管理者要想唱好白脸，有效批评下属，首先要注意白脸的唱法，尽量使批评的话更容易被接受。

如何让批评的话更容易被接受呢？这需要管理者批评下属时，要懂得该下坡时就下坡，且不可把白脸唱到一发不可收拾的地步。通俗来说，即批评要坚持“言简意赅、点到为止”的原则，切忌喋喋不休、唠叨不止。说到“喋喋不休、唠叨不止”这两个词，让我突然想起一则有关马克·吐温的“超限效应”。

有一次，美国著名作家马克·吐温听牧师演讲。在刚开始几分钟，马克·吐温感觉牧师演讲得非常精彩，准备捐款；然而，演讲持续十几分钟之后，牧师仍然在讲，马克·吐温有些不耐烦了，他决定只捐很少的零钱；又10分钟过去了，牧师还没有讲完，马克·吐温决定不捐款了；在持续了很长时间之后，牧师的演讲终于结束了。此时愤怒的马克·吐温不但没有捐钱，反而从他人捐献的钱中偷走了2元。

超极限效应告诉我们，当某一事物对一个人的刺激过多、过强或作用时间过久，常常会激发对方的逆反心理和不耐烦情绪。如此一来，不但不能让事情向着好的方向发展，反而让事情变得越来越糟糕。这就像马克·吐温，当他越来越无法忍受牧师啰唆的演讲时，他不但打消了捐款的念头，而且做出了“偷钱”的举止。

在现实生活中，超极限效应不仅会发生在演讲、人际交往、广告宣传等情景中，同时也会发生在管理领域。比如，当下属在工作中犯了错误，最好的解决办法就是找机会把事情说透，让他明白自己的问题所在，然后给他时间去领悟、接受，并最终改变。反之，如果管理者针对同一件事情，在短时间内接二连三地批评同一个员工，对方就会在心里琢磨:“为什么领导总挑我毛病，难道是故意跟我过不去?”这样一来，下属就会产生一种逆反心理，对领导的感情也从最初的内疚变成憎恨。最后，为了和领导对抗，他索性把自己破罐子破摔。这样一来，管理者不但没有达到应有的批评、教育效果，反而激化了上下级之间的矛盾。

苏颖是某药店的店长，为使药店的店员少犯错误，她制定了一系列的药店管理制度，并严格按照规章制度对犯错的员工进行惩罚。

有一次，店员曹丽在销售处方药时，没有按照药店规定的“双人复核”的制度去核查，直接将药品给了顾客。顾客回家后发现，药店卖给自己的药，虽然药名与自己说的相同，但生产厂家却不是自己指定的那个，于是去药店调换，并向店长苏颖投诉了店员曹丽。按照药店的惩罚制度，店长苏颖对曹丽罚款100元。

按理说，事情到此已经结束。但在以后的管理工作中，每当批评曹丽时，店长总以“拿错药”来挖苦。有好几次，在几十人的大会上店长苏颖把曹丽的错误当作反面教材来讲，丝毫不顾及曹丽的个人感受。

面对强势的苏颖，店员曹丽敢怒不敢言。实在受不了店长喋喋不休、反复不断的批评，曹丽只好辞职。

俗话说："人非圣贤，孰能无过。"大家都不是圣贤之人，难免会犯下这样或那样的错误。但如果犯错者能够做到及时改正错误，领导者就要做到既往不咎，甚至要表扬下属这种知错就改的精神。

然而，在实际的管理工作中，领导者在批评、教育下属时，总喜欢抓住下属的错误不放，甚至不分时间、场合地宣扬下属曾经的错误。正如"超限效应"中所说，刺激过多、过强和过久会引起对方的反抗心理。同样，管理者对下属的错误过度批评，不但不能让下属改正错误，反而会让犯错者朝着相反的方向发展。所以说，管理者要想达到理想的批评效果，就要坚持批评三原则。

第一，批评之后一定要鼓励。俗话说，左手拿鞭，右手拿糖。所谓"鞭"，即鞭策、批评之意，而所谓"糖"，则指赞美、鼓励等好听的话。也就是说，管理者在惩罚、批评完下属之后，要及时鼓励下属，切不可因为过度批评下属，而使他们内心产生自卑情绪。

据有关心理学家研究调查，当被领导批评之后，75%的人内心会产生自卑情绪，其中有20%的人会因为内心的自卑情绪而严重影响工作的效率和质量。但是，批评者在批评完员工之后，如果能够及时安慰被批评者，其产生自卑心理的员工将从原来的20%降低到10%，而且有90%以上被批评的人会主动改正错误。所以，管理者要想使自己的批评达到良好的效果，就一定要在批评之后及时给予鼓励和安慰。

第二，批评下属要证据确凿，不可捕风捉影。毛泽东说："没有调查就没有发言权。"其意思是说，在一个人没有对某个问题调查清楚之前，不要妄加指点、评论。

在某一商场，一位顾客气冲冲地跑到经理办公室，投诉10号收银员服务态度不好。第二天一早，经理把10号收银员叫到办公室，劈头盖脸就是一顿训斥，而10号收银员却一头雾水，不知道自己为何挨训。最后经调查才清楚，原来10号收银员前一天休班，而另一名新来的收银员由于没来得及做工牌，组长临时把10号收银员的工牌借给新来的收银员用。

由于商场经理在批评下属之前没有调查清楚，导致10号收银员“无过受批”。可以说，这种不分青红皂白的批评，不但没有达到教育下属的目的，反而伤害了无辜的下属。所以，管理者在批评下属时，一定要弄明白事情的来龙去脉，做到证据确凿，切不可捕风捉影。

第三，善用幽默批评法。我们常说，幽默是人际关系的调和剂。尤其在批评这种令人尴尬的场景中，如果批评者能够巧妙地幽默一下，则可以使批评的话语变得诙谐、轻松，从而让对方更容易接受批评。

有一次，许广平让鲁迅先生给自己的文章《罗素的话》写评语。鲁迅在看完许广平的文章后，写下这样的几句话：“批90分，其中给你5分（抄工3分，末尾的几句评论2分），其余的85分都批给罗素。”

显而易见，鲁迅是在批评许广平文章中抄录的部分太多，而自己的见解过少。在这里，如果鲁迅直言不讳地提出批评，肯定会伤害许广平的自尊心。而这种幽默、诙谐的批评方式，不但使许广平明白了自己文章的不足之处，同时也让许广平对鲁迅先生肃然起敬。